U0067228

遊戲的治癒力量
受虐兒童的治療工作

作　者　莉安娜‧吉兒（Eliana Gil）
校閱者　馬宗潔
譯　者　林巧翊

THE HEALING POWER OF PLAY

Working with Abused Children

Eliana Gil, PH.D.

作者簡介

　　莉安娜·吉兒博士為維吉尼亞州 Inova Keller 中心兒童虐待治療服務的協同者，她也是 Starbright 兒童與家庭遊戲治療訓練機構的負責人，此機構提供完整的兒童虐待疏忽之評估治療的臨床訓練方案，及對兒童、家庭的遊戲治療理論與應用。吉兒博士為合格的遊戲治療督導、藝術治療師及婚姻家庭治療師，於加州大學家庭心理學研究所取得博士學位；並為美國受虐兒童專業協會（APSAC）委員、顧問；全國兒童性虐待資源中心委員；遊戲治療協會前理事長。吉兒博士為喬治華盛頓大學及維吉尼亞科技大學副教授，教授遊戲與家族治療課程。

　　吉兒博士寫過許多與兒童虐待相關主題的書，包括：《破繭而出：寫給童年受虐的成年人》（*Outgrowing the pain: A book for and about adults abused as children*）、《對兒童時期受虐之成年倖存者的治療》（*Treatment of adult survivors of childhood abuse*）、《整合所在的我們：寫給多重人格者》（*United we stand: A book for individuals with multiple personalities*）、《遊戲的治癒力量：受虐兒童的治療工作》（*The healing power of play: Working with abused children*）、《家庭治療的遊戲》（*Play in family therapy*）；她最近的著作為：《治療受虐青少年》（*Treating abused adolescents*）及《對施虐家庭的系統性治療》（*Systemic Treatment of Families who Abuse*）。吉兒博士的

受虐及受創傷兒童遊戲治療的兩集錄影帶最近已由 Guilford Press 出版。她是知名的演講家、作家與臨床治療師,為地方與全國電視、廣播秀的常客。吉兒博士也因為有厄瓜多爾的血統,因此為雙語及雙文化者。

譯註:以上資料來源為吉兒博士個人網站
www.elianagil.com

校閱者簡介

馬宗潔　美國紐約哥倫比亞大學社會工作博士

現任東吳大學社工系副教授

學術專長：兒童發展、多元文化、兒童遊戲治療

譯者簡介

林巧翎　台大社會工作研究所畢業

現任台北市社會局信義社福中心社工督導兼中心

主任

致謝

寫這本書是一個充滿壓力但又愉快的經驗,在寫作期間,
我回想起我的兒童案主們、他們生命中的創傷事件、他們不可
思議的力量與希望,及他們因應的獨特方式;他們的勇氣、復
原力與歡笑都令我驚奇,並鼓舞著我。

我要謝謝鼓勵與激勵我的同事們,我深深感謝當我處理大
大小小的研究計畫時,陪伴在我身邊的朋友與家人。感謝 Toby
Troffkin 對本書的編輯,與我的研究助理 David Farinella 與 Coco
Ishi;特別要感謝我的先生 John,他是我力量與歡樂的泉源;
我的公公、婆婆 Norm 與 Eileen;我的母親 Eugenia 及我的兄弟
Peter;我最棒的孩子們 Eric、Teresa 及 Christy;我最好的朋友
Teresa、Tony Davi、Melissa 與 Melinda、Brown、Mary Hera-
et、Kathy Baxter-Stern、Robert Green、Jeff Bodmer-Turner、
Steve Santini、Lou Fox、Sue Scoff,我星期三的團體,以及「A
STEP FORWARD」的同事們。

本書所呈現的臨床素材為案例的彙輯,為了保護案主的匿
名性,我變更了所有可供指認的資訊,所提供的對話與藝術作
品均已徵得案主父母的同意。

本書第一章第三節的標題「兒童虐待的影響」──部分取
自我的書《對兒童時期受虐之成年倖存者的治療》(*Treatment
of Adult Survivors of Childhood Abuse*)之第一章,此書於一九

八八年出版,本書所採用與複製的內容已獲得美國加州核桃溪市(Walnut Creek)的出航出版社(Launch Press)同意。

校閱序

　　在從事遊戲治療的歲月裡，每一個孩子都是新的挑戰，每一個新的挑戰都提供了新的疑惑，也企圖想去解答。在找答案和新出路的歷程裡，有時總會有釐不清楚自己問題的時候，滿腹的問題卻找不到合適的字彙表達出來。好不容易經過整理有一點頭緒，也說得零零落落，因此，也總是在他人疑惑的眼神裡讓自己退卻，當然也是最最孤單的時刻。一路的過程中，總是渴望被懂，總是也有同好知音一起面對工作路上的困難。

　　但是，心中總是有一個填不滿的需求。於是，書就在此時發揮了功能，書總是最好解惑和找答案的方式。一本好的書，會讓人感覺到有被深層同理，也有一種莫名其妙的感動。我想，這一本《遊戲的治癒力量——受虐兒童的治療工作》，在眾多遊戲治療理論中，是最讓我感動的一本。一本讓人感動的書，總是會在反覆閱讀之後，還是激動不已，我想對我就是一本好書。

　　不記得是哪一位同行姊妹給我這一本書，我被書名深深地吸引，於是就開始閱讀。我自己讀過，在同行的讀書會討論過，在上課用過。並不會因為其簡單的文字而覺得讀夠了，我想已經就不只是感動了，可以稱為熱愛了吧！！

　　莉安娜・吉兒不用艱澀的文字、讓人卻步和失落的字眼，簡單地寫她和受虐兒的工作所遇到的困難，她看待這些孩子，

和如何看待自己的工作，如同沐浴於一位經驗豐富的生命工作者的春風裡，浸染於她如大海的懷抱裡，希望能多擷取一點。

　　和巧翊的合作也是一個巧合，我們有機會在三年前的課堂相遇，她用本書作為期末報告，當初她的報告已令人刮目相看，我鼓勵她翻譯，但她因為學業並沒有答應。去年有一天，她突然告訴我她可以翻譯了，便給了我一個機會字字琢磨這本書，也更認識作者，用自己的方式和她對話。讓我更珍惜這本書帶給我的經驗。

馬宗潔

二〇〇四年十二月

譯序

另一把可能的鑰匙

　　會翻譯這本書是一個偶然的機緣，在研究所上馬宗潔老師的課程時，恰好要報告這本英文的原文書，在翻閱全書後，不禁感覺這是一本理論與實務皆備的好書，以致在後來有餘暇之時，便希望完成這本書的翻譯，以讓更多讀者受惠。作者以深入簡出的方式說明兒童虐待及遊戲治療的相關理論與原則，讓我們能很快地進入這個複雜卻又豐富的世界。更令人驚喜的，是所附的六篇臨床實例，在閱讀這些故事時，總覺得自己就隨著作者的筆觸看見了這些兒童的害怕、衝突、等待與蛻變重生，為他們的苦難疼惜落淚，也細細品味吉兒博士如何以遊戲的方式與他們的心靈對話。

　　在進入社會工作的領域後，開始真實地遇見不同背景的孩子，有些孩子會出現外顯或內隱的行為或心理徵兆，但這些線索不一定這麼容易解開，有時候我們企圖在家庭運作或孩子內在的一團迷霧中看得更清楚，或渴望尋得一條道路更加貼近孩子的內心，但卻仍有迷惘困惑之時。在這樣摸索、學習的歷程中，我開始進行翻譯的工作，才赫然發覺，這些字裡行間所跳出的那種對孩子的理解、陪伴與努力，讓自己如同注入一股活泉，多了對工作、對兒童的啟示。這些感動可以促使自己用另

外一種角度看孩子的狀況，去思考另一種與他們相處的方式，
手中彷彿多了幾把鑰匙，讓自己更想去嘗試、開啟孩子內在深
處的大門，也藉此沉澱、梳理身為助人者，以自己的生命交會
另一生命時的糾葛心情。

　　在翻譯的過程中，要感謝馬宗潔老師的大力校閱與指導，
指正了許多專業名詞及英文用語的錯誤，讓這本書更加貼近原
文的正確性與完整性；也謝謝心理出版社林總編與謝小姐的耐
心等待與提醒。希望各位讀者能享受這本書帶給您的體驗，並
請不吝賜教，以讓這樣的知識更加深厚、紮實。

　　　　　　　　　　　　　　　　　　　　　　　林巧翎
　　　　　　　　　　　　　　　　　　　　　二〇〇五年一月

目錄 CONTENTS

※正文頁邊數碼係原文書頁碼，供索引檢索之用。

目録　C O N T E N T S

C O N T E N T S

獻給 Robert Jay Green 博士，

選擇我為他的弟子，

確認我的能力，

鼓勵我的才智，

告訴我要走得更高，

總是能讓我歡笑，

讓我感覺自己如此特別。

第一章

受虐兒童：治療的議題

The

Healing

Power

of Play

Working with Abused Children

第一節　*受虐兒童*

　　自古以來，兒童遭遇了各種不同類型的虐待，這些殘暴的行為可由許多的文件中得到證明（Radbill, 1980; Summit, 1988），幾世紀以來，社會寬恕了殺嬰罪、身體虐待、性虐待及對童工的剝削。

　　兒童虐待的普及從古至今不曾中斷，此種頑強的祖先遺產也形塑了社會對兒童虐待的反應，這些祖先遺產包括了兒童是父母的財產，亦是犧牲品的信念。這些傳統使得社會在對兒童虐待的定義與反應上顯得腳步緩慢。除此之外，社會也因為否定此問題的存在與普及性而嘗到苦果，即使是醫學界的人士，在急診室見到虐待的第一手後果時，其反應卻緩慢地超乎常人的想像。在一九四〇年代，醫院出現了一些身體虐待案例的實證，第一篇陳述親職虐待可能性的文章為一名放射師 Caffey（1946）所寫，他引用了一名腦硬膜下腔血腫嬰兒，其肢體與肋骨反常斷裂的病例為證，但對此文章內容的質疑一直盛行至一九六二年，直到 C. Henry Kempe 醫師創造了「受暴兒童症狀群」（the battered child syndrome）一詞（Kempe & Helfer, 1980），終於成功地喚起國際間對此長久社會問題的關注。

　　許多的重大進展也在此時發生，其中最值得注意的是，開

創了保護兒童不受親生父母傷害的法律，第一部通報法令於一
九六二年被制定。到了一九六四年，美國各州都通過強制醫師
通報疑似身體虐待案例的兒童虐待法律。

　　同時，在兒童虐待（child abuse）定義的擴充上也有顯著的
革命，大多數州現在都會將兒童虐待分類，至少會包括以下幾
種：身體虐待、性虐待與疏忽。也有許多州將心理或情緒虐
待、性剝削包含在內，此處性剝削包括了兒童色情圖片、電影
與兒童性交易。此外，被強制要求應向有關當局通報所知或疑
似虐待個案的專業人員領域名單也持續在增加。

　　自一九六○年代末期開始，數以百計的研究方案以兒童虐
待為焦點，尤其在兒童性虐待方面（Herman, 1981）。大量關
於虐待的家庭動力、受虐的短期與長期影響、受害者與施虐者
的特質與預防、治療策略的研究不斷被累積。

　　然而，即使有了大量的實證研究，但在研究上仍充滿了如
小樣本與研究設計困難等方法學上的問題。Finkelhor（1984）
指出，有些領域需要更多、更精確的研究，包括虐待對學齡前
兒童與較年長孩童的不同影響、司法系統處遇的負面影響、文
化差異對虐待的影響，以及不同型態的虐待所造成的不同影
響。

　　從一九七○年代開始，研究的興趣大量趨向以兒童性虐待
為主題，我同意如 Finkelhor（1984）所言，有品質的研究對各
種兒童虐待相關議題來說是絕對必要的，這些主題包括了身體

3

虐待、疏忽與情緒虐待，這些資訊可以使臨床工作者發展更正確的治療策略。

這些研究多呈現了一致的發現：經歷過親職虐待的兒童，無論是遭遇了何種形式的對待，都會在其心理與情緒上造成特殊的影響，目前對這些成年倖存者所做的研究與臨床工作所得到的發現，是很難有其他的證據可以超越的（Briere, 1989; Courtois, 1989; Finkelhor, 1986; Gil, 1989）。

第二節　*兒童虐待影響的中介因素*

由兒童性虐待的研究中發現（Finkelhor, 1986; Lusk & Waterman, 1986; Wyatt & Powell, 1988），有幾種因素在媒介任何虐待對兒童的影響占了重要位置，這些因素包括了：兒童受虐的年紀、歷時長短、嚴重程度、與攻擊者的關係、兒童受威脅的程度、虐待發生前的家庭氣氛、兒童受虐前的心理與情緒健康、兒童感受到的罪惡感程度、受害者的性別及父母對兒童受害的反應。

兒童受虐的年紀

關於兒童受虐年紀對日後影響的研究結果是分歧的（Adams-Tucker, 1982; Ruch & Chandler, 1982）；不過，目前多傾向

愈年幼的孩子愈容易受到傷害的看法。van der Kolk（1987）認為，童年的創傷更容易對年幼的孩子造成影響，因為「當中樞神經系統與認知功能還未完全成熟時，無法控制的恐怖經驗可能會產生深遠的影響，造成全面性的損害」（p. xii）。

4

歷時長短

研究皆發現，當受虐期間愈長，所造成的影響就愈大，若虐待持續發生一段期間，孩子的無助感與脆弱感將會增加，且更有機會熟練地運用防衛機轉，例如解離，此會使得往後的生活產生問題。

嚴重程度

當受虐的範圍愈廣，所受的傷害就愈大，此在嚴重的身體虐待案例中是顯而易見的，結果可能會包括身體的殘障、腦部傷害與發展遲緩，而被疏忽的案例則可能造成非器質性的體重生長遲滯。在性虐待的個案中，如果生殖器愈被廣泛地碰觸，如被陰莖插入，便愈可能有負面的影響（Adams-Tucker, 1982; Mrazek, 1980）。

與攻擊者的關係

一般均相信，當孩子與攻擊者的關係愈親近，所造成的創傷就愈大（Adams-Tucker, 1982; Simari & Baskin, 1982）。若孩

子是在家庭外遭受虐待，便會產生家庭以外都是不好的投射，
會返回家中尋求保護與再保證；但當孩童被所愛的人虐待，其
將會學習到：愛他的人也同樣會是傷害他的人。

兒童受威脅的程度

威脅、暴力的使用也可能會加深創傷的程度（Ruch &
Chandler, 1982），威脅可能會使孩子產生全面性的焦慮與害
怕，此種威脅不一定是用明確的方式操控孩子，孩子可以從非
口語訊息感受到威脅，並認為自己好像必須要保守此秘密。

兒童家庭的情緒氣氛

Azar 與 Wolfe（1989）指出，「伴隨著家庭虐待的許多因
素對兒童心理行為發展的普遍影響很少被了解，而對兒童的發
展傷害卻很大」（p. 452）。家庭失功能的模式包括了代間虐待
的模式、不適當的兒童撫養模式、親職技巧、社會能力的缺
乏、與社會支持系統的隔絕、情緒憂鬱、對兒童有不正確的看
法及過高的期望，與因為兒童挑釁行為而引起的情緒反應
（Wolfe, 1987）。在談到疏忽型的家庭時，Polansky、Chalm-
ers、Buttenweiser與Williams（1979）引用了全面性的混亂與失
序等名詞，用以貼切地形容當功能急遽低落時會對各方面所造
成的影響。而Julian、Mohr與Lapp（1980）發現，與亂倫家庭
相關的因素包括了家庭爭吵、心理健康問題、破碎的家庭、酗

酒、婚姻暴力、社會孤立與經濟匱乏。Barrett、Sykes與Byrnes（1986）則認為，亂倫家庭的特質為凝聚力低、不具彈性，且缺乏工具性與情感性的溝通，以及不協調的家庭階層。這些問題型態創造了虐待發生的氣氛，Emslie與Rosenfeld（1983）在比較亂倫受害者與非亂倫受害者的受虐女孩後發現，女孩的心理病態是家庭嚴重失序下的產物，並未發現是由亂倫單一因素所造成的。

兒童的心理與情緒健康

若孩子在受虐之前有著良好的心理健康狀況，則較能對抗虐待所帶來的傷害（Adams-Tucker, 1981; Leaman, 1980）。van der Kolk（1987）聲稱：「有堅強自我認定與良好社會支持的成人，相較於認知發展程度較低的兒童而言，較不容易受到傷害」（p. 11）。

兒童的罪惡感

在性虐待的個案中，若孩子在性接觸中經歷了歡愉感，或認為自己應對虐待負責任時，孩子便可能會感到罪惡，此會對孩子造成深遠的影響（MacFarlane & Korbin, 1983）。

受害者的性別

早期認為男性受害者所受到的創傷較女性來得少（Adams-

Tucker, 1982; Vander Mey & Neff, 1982）；然而，這些說法源於
對男性受害者相關知識的缺乏。近來的研究（Briere, 1989）支
持了先前的懷疑（Finch, 1973），發現男性受害者呈現了更長
期、嚴重的問題及較大的心理病症。Nasjleti（1980）、E. Por-
ter（1986）、Risin 與 Koss（1987）、Hunter（1990）、Di-
mock（1988）及 Lew（1988）都對男孩及男人會受性虐待影響
提供了具有價值的看法。

父母對兒童受害的反應

Leaman（1980）與其他學者（James & Nasjleti, 1983; Sgroi,
1982; Summit & Kryso, 1978）不斷重複地強調，未施虐的父母
一方對孩子的治療扮演了重要的角色。當父母能以信任孩子代
替責難，且能明白地提供支持與保證，則可以增強孩子的復原
能力；然而，未能提供支持或過度反應的父母則會造成更大的
創傷（Tufts, 1984）。

第三節 *兒童虐待的影響*

性虐待產生的影響可以以一連續線來測量，Friedrich
（1990）曾說道：

　　性虐待及其造成的影響可視為由中立至非常負面的連續線，有時當我們只看見某一種類型的兒童或家庭時，我們可能會相信，虐待的影響是不連續的或者是非常負面的。然而，認知這些差異性是很重要的，因為此能再次提醒我們，即使是在創傷事件中，希望與正面的改變依然會存在，個人所擁有的優勢與復原力能超越任何我們所能帶給這些失功能家庭的治療力量。（p. 102）

　　由於兒童無法完全理解與解釋虐待的影響，因此，專業人士通常要藉由發展出症狀行為指標，來顯示情緒困擾問題的重要性。兒童受虐者最普遍的問題包括了情感的失序、焦慮與害怕、憂鬱、生理影響（包含對身心不適的抱怨、受傷與懷孕）、認知與學校相關的問題、習得無助感、攻擊與反社會行為、退縮、自我傷害行為、精神病、性問題、低自尊與人際關係的問題（Lusk & Waterman, 1986）。以下欲將各種不同虐待所呈現出最常見的症狀行為做一分類。

性虐待

　　Finkelhor（1986）對性虐待短期影響之實證資料進行分析，並總結出受虐兒童通常會表現出以下的症狀：

- 害怕或焦慮
- 憂鬱

8

- 就學困難
- 憤怒或敵意
- 不適當的性行為（inappropriate sexualized behavior）
- 逃家或少年偏差行為

身體虐待

Martin（1976）發現，受身體虐待的兒童會產生以下的症狀：

- 使享受生活的能力受損
- 精神症狀、尿床、發怒、過動症、異常行為
- 低自尊
- 在校的學習問題
- 退縮
- 反抗
- 過度警覺（hypervigilance）
- 強迫症
- 過早成熟的行為（pseudomature behavior）

Martin 與 Rodeheffer（1980）指出：

身體虐待可能會造成一些生理的後果，包括了死亡、腦部損傷、心智遲緩、大腦麻痺、學習障礙與知覺缺陷。

身體虐待所引起的神經方面的障礙受到了特別的關切，因為障礙的長期性與顯著度影響了個人長期功能的發揮，根據估計，約有 25 ％至 30 ％的受虐倖存兒童有腦傷或有因頭部創傷造成的神經失功能症狀。（p. 207）

　　Martin 與 Rodeheffer 也引述了丹佛的全國兒童虐待與疏忽預防中心於一九七六年的研究，發現受身體虐待的兒童明顯會在大肢體動作、說話與語言的發展上有缺陷。他們更進一步指出，受身體虐待的兒童會呈現以下的特徵：

- 人際間的矛盾心理
- 不斷地對他人的行為過度警戒
- 遭遇危險時會不斷地運用防衛機制
- 無法藉由察覺與行動掌握環境
- 與同儕社會化的技巧受損
- 因無法符合他人的期望而感到挫折
- 抗拒社會接觸
- 變換自身行為以適應他人
- 習得無助感（嘗試錯誤和失敗要比完全不嘗試來得危險）
- 在身體與情感上會傾向照顧父母
- 缺乏客體持久性與一致性（扭曲正常的客體關係）

　　Reidy（1982）總結受身體虐待兒童的特質後發現，他們通

常會呈現攻擊性與敵意、無法控制負面的行為、易怒、易衝動、在家與在校的情緒困擾行為、退縮與羞怯行為。Reidy（1982）在自己的研究中也發現，受虐兒童會：⑴在語言統覺測驗（Thematic Apperception Test, TAT）上明顯地表現出更多的幻想性攻擊；⑵比其他孩子表現更多的攻擊行為；⑶兒童在原生家庭會比在寄養家庭中表現出更多的幻想性攻擊。

而 Kent（1980）則發現，受身體虐待的孩子：⑴在管理攻擊行為上有更多的問題；⑵與其他的孩子相比，較難建立與同儕的關係。

Martin（1976）則指出了重點所在：

> 兒童的人格會被生存的環境所影響、形塑，特殊的身體受暴事件為一種精神創傷。所以，廣泛而言，此精神創傷可能包括拒絕、混亂、剝奪、對親職的看法被扭曲、不合實際的期待，一如住院治療、分離、寄養地點與經常性的家庭改變，最終都會對兒童發展有明顯的影響。（p. 107）

疏忽

兒童疏忽的動力和身體及性虐待的動力有明顯的不同。最大的差異在於，受身體虐待及性虐待的孩子獲得了父母的注意，雖然此種注意是不適當、過度、具殘酷與損害性的，但父

母的確「察覺」（aware）到了孩子的存在，能量是朝向孩子的。然而疏忽的父母卻正好相反，由於不知所措、無生氣與沒有能力，因而他們對孩子少有興趣，也「保留了對孩子的關心」（withhold attention），很少刺激孩子的發展，與孩子少有身體與情緒上的接觸。在極端的個案中，疏忽的父母甚至好像無視於孩子的存在。

Polansky 等人（1981）發現，被疏忽的孩子會表現出以下的特質：

- 剝奪—拒絕依附（deprivation-detachment）
- 強烈地壓抑感覺（情感抑制）
- 無法同理他人
- 暴力
- 青少年偏差行為
- 一般智力能力的減退（起因於缺乏來自父母的認知刺激）

Kent（1980）也發覺在受疏忽的孩子身上有發展遲緩的現象。

情緒虐待

Garbarino、Guttmann 與 Seeley（1986）描述受情緒虐待的孩子「呈現了心理社會傷害的證據」，這些證據包括了以下的症狀：

11

- 行為問題（焦慮、攻擊性、敵意）
- 情緒困擾（自覺不被愛、不被需要、沒有價值）
- 不適當的社會困擾（對世界抱持負面看法）
- 易怒的嬰兒，在某些個案中，會出現非器質性的體重生長遲滯
- 與父母的依附為焦慮型
- 害怕或不信任
- 低自尊
- 自卑感、退縮、缺乏溝通
- 自我解構行為（自殘行為、憂鬱、自殺傾向）
- 傾向成為父母的照顧者
- 青少年偏差行為或逃學

Garbarino 等人總結他們的發現如下：

> 心理上被不適當對待的孩子，常常可經由其人格特徵、知覺與行為被確認，孩子會傳達出：低自尊、對世界抱持負面看法，與內隱或外顯的焦慮與攻擊行為。無論孩子是對成人忠實或是逃避成人，他們的社會行為與反應皆為不適當與非常態的。（p. 63）

值得一提的是，有些兒虐的受害者似乎未受到傷害，Garbarino 等人在討論「壓力抵抗者」（stress-resistant）的孩子時發現，姑且不論他們的嚴厲（甚至是敵意）、有教養等特質，

他們成為有正面社會行為與有能力的人。他認為，這些孩子接受了「心理滋養與維持的補償劑，使他們能夠發展社會能力，增強自尊，並使自我有正向的社會定義」（p. 9）。

Anthony 與 Cohler（1987）從他們廣泛的復原力研究中，總結道：

> 這些孩子與他人分享了生物體追求整體的傾向——此並非靜態，而是充滿動態、彈性平衡的，因而允許了反彈或退化，以及進步的彈躍空間。活動與休息的生物韻律提供了接受外在恢復原狀的基本模式，此所有的資源範圍可能包括了：生物化學因素（如荷爾蒙與腦內啡）；皮質、皮質下、自律神經系統與腺狀活動間的互動；以及心理力量。所有這些資源的互動促成了復原的力量。經歷心理與情緒困擾後的復原經驗剩餘物，可產生「好感覺」的感受，也更強化了當未來面對威脅時能自信、樂觀與回應或尋求協助的能力。隨後此整合的趨力，會與其他在兒童發展階段可得的趨力及能力作選擇性的結合。（p. 101）

12

在以下的章節中，我從自身為受虐兒童提供治療的經驗裡提供一些臨床上的觀察，但我並个企圖針對不同虐待做行為指標的分類，因為它們通常會產生重疊的現象。

第四節　臨床的觀察

　　受虐兒童的問題行為可能是內隱或外顯的，以下所形容的行為，是我和一同治療受虐兒童的同行常常觀察到的，我認為這些可作為虐待的指標。不過，這些對虐待並不具有決定性（conclusive），生長在失功能家庭但未受虐，或是經歷父母離婚、死亡危機的孩子，也可能會表現出這些行為。

內隱行為

　　呈現出內隱行為的孩子多為孤立與退縮的，他們會與虐待妥協，並不與其他人互動，這些孩子通常會：

13
- 呈現出退縮，缺乏尋求互動的動機
- 表現出臨床上的憂鬱症狀
- 缺乏自發性與嬉鬧玩笑
- 過度抱怨
- 對非特定的突發事件有恐慌感
- 過度警覺與焦慮
- 睡眠失調或害怕夜晚
- 退化行為
- 身體上的抱怨（頭痛、胃痛）

- 飲食失調
- 物質與藥物濫用
- 表示想要自殺
- 常有自殘行為[註一]
- 解離

外顯行為

相反地，孩子的外顯行為是針對他人的，他們多向外表達自身的情緒。這些孩子具攻擊性、充滿敵意、破壞性、挑釁（會引發虐待）、暴力，有時會殺害或凌虐動物[註二]；這些破壞

註一　自殘行為（self-mutilation）與自殺意念有所區分，自殘行為可能源於許多不同的理由，包括低落（源自於解離或憂鬱的狀態）、使自己舒服（尤其當孩子被身體虐待，並相信愛與痛苦是一起的）、為滿足被父母照顧的需求（如寄養兒童失去並看不見其父母時）；最後，有些孩子會以自殘行為來確定自身的存在。自殘行為多發生在青少年身上；不過，在年幼即被虐待的兒童會開始發展出更典型慣例、隱藏的行為，此種行為與年長兒童及成人有所關聯，若該行為未被中斷，則此複製的機制可以持續至成人階段，許多成人都有這樣的案例。

註二　殺害與凌虐動物是一種明顯的求助吶喊信號，這些孩子處於悲痛的壓力中。有兩種常見的臨床發現可解釋這種現象：(1)孩子會將自身的虐待重演在較小的受害者身上；(2)孩子正在排練自殺的行為。當孩子與動物之間的情緒依附愈強，此行為便愈具有警訊意義。

14 　性行為包括縱火、對性的興趣。他們常常能很快地被他人所察覺，因為其行為造成了他人的困擾。

　　內隱與外顯行為可以是重疊的，孩子對任何的特定感受會有不同的反應。例如，當受到威脅時的害怕，便被觀察到有三種型態的反應：(1)行為的反應：逃避、逃脫及猶豫；(2)主觀的反應：如用言語表示不舒服、壓力與恐慌等狀態；(3)生理的反應：如心悸、盜汗與急促呼吸（Barrios & O'Dell, 1989, p. 168）。在我的經驗裡，孩子可能原本出現內隱行為，但卻在治療期間發展或表現出外顯行為；我假設這是因為，當這些孩子學會去信任治療師，並被鼓勵表達隱藏的情感時，較能顯現出生氣與敵意的感受。

特殊的議題

　　受虐孩子也可能會發展出兩種特殊的行為：解離與性化行為；兩者對評估與治療皆相當重要，但似乎常不被了解，未被診斷出或未被予以治療。

一、解離現象（dissociative phenomena）

　　《精神疾患診斷與統計手冊》（*Diagnostic and Statistical Manual of Mental Disorders, DSM*）（1987）對解離現象的定義為：「認同、記憶或意識正常整合功能的擾亂或改變」（p. 269）；DSM-III-R將此現象分為三類：(1)多重人格失序（認同

的擾亂）；(2)人格失序（認同的擾亂）；(3)心理失憶或神遊
（記憶的擾亂）。解離現象可能為一連續面，因為解離的最極
端形式——多重人格失序，發生在最尾端。實證資料顯示，早
期嚴重的兒童虐待與多重人格失序有明顯的關係（Kluft, 1985;
Putnam, 1989）。一般相信多重性早在兒童期就已經發生，只是 *15*
通常會在之後才被診斷出來。過去的歷史顯示，在成人期間能
較快地指認出解離與多重人格失序的現象。治療嚴重受虐兒童
的臨床工作者，被建議應研究兒童多重人格此一領域（Kluft,
1985; Peterson, 1990）。

　　解離現象明顯與創傷有關，Eth 與 Pynoos（1985）指出，
「當個人遭遇到無法抵擋的事件後，在面對無法忍受的危險、
焦慮，與本能的警醒時會感到無助」（p. 38），精神性的創傷
就會產生。顯而易見地，虐待對兒童來說是精神性的創傷，其
嚴重程度要依規模、依賴性與脆弱度而定。

二、性化行為（sexualized behavior）

　　Finkelhor（1986）發展四項因素的概念模式，藉以了解性
虐待的「創傷動力」（traumagenic dynamics），此四項因素包
括*創傷性性化行為*（traumatic sexualization）、*烙印化*（stigma-
tization）、*無力感*（powerlessness）與*背叛*（betrayal）。每項
因素都有各自的動力、心理影響與行為表現（見表 1-1）。Fin-
kelhor 與 Browne（1985）為創傷性性化行為下了一個定義：

「孩子因為性虐待造成性（包括性感受與性態度）方面不適當的發展，並失去人際互動功能的過程」（p. 531）。Finkelhor（1986, pp. 186-187）則為此類兒童受害者的性化行為，提供了概念化的訊息（見表 1-1）。

我在臨床上對這些性化受虐兒童的觀察與 Finkelhor 的概念是一致的，同時也與 Johnson-Cavanaugh（1988）與 Friedrich（1988）的結論相同，這些受性虐待的孩子會發展對性過度與異常的興趣，此興趣通常表現在過度投入的性活動上。而要評估兒童性行為的其中一困難點在於，兒童正常性發展的常模相當稀少，Sgroi、Bunk 與 Wabrek（1988）綜合了與正常及有困擾兒童的臨床經驗，為兒童的性提供了一個發展的架構（見表 1-2），此架構有助於決定兒童的性行為是否需要進行處遇。

Berliner、Manaois 與 Monastersky（1986）一致贊同，兒童的病態性行為可在適當發展階段的性遊戲中被區辨出來。在此模式中，他們看見孩子在嚴重性的面向上有所困擾，最嚴重的

表 1-1　創傷性的性化行為

動力	兒童被獎勵不符合發展階段的性行為
	攻擊者以關注與情感來交換性
	盲目地崇拜兒童的性部位
	攻擊者傳遞錯誤的性行為與道德觀念
	性活動被制約，伴隨著負面的回憶與情緒

心理影響	逐漸對性議題沉默
	對性認同感到困惑
	對性規範感到疑惑
	將性與愛、關懷的施與受等混淆在一起
	性活動與感官上的騷動
	對性或親密反感
行為表現	過分關注性與強迫性的性行為
	早熟的性活動
	攻擊性的性行為
	混亂複雜的性對象，雜交
	從事性交易
	性的失功能

性化行為形式是出現強制的（coercive）行為，包括使用蠻力與造成傷害；Berliner 與同事則認為，性化行為的另一面向為發展出早熟的行為，包括在非強制的情況下嘗試或完成性交。近來，他們列出不適當的性行為包括了：不斷地在公眾場合中手淫，以造成痛苦或疼痛；觸摸或要求碰觸他人的生殖器；對性的事務過度感興趣。這些行為會反映在遊戲、藝術與會談中，以及模仿成人性關係。

17

　　正如 Berliner 等人提出的架構，Sgroi 與同事的架構清楚地指出，兒童的性行為隨著時間*進展*（progress），太極端的行為

表 1-2　兒童的性發展架構

年齡範圍	活動的模式	性行為
學齡前 （0-5 歲）	強烈的好奇心 把握探索宇宙的機會	手淫 注視他人身體
學齡期 （6-10 歲）	與同儕及較年幼的孩 　子一同玩遊戲 創造探索世界的機會	手淫 注視他人身體 從自身到他人的性探索 在遊戲氣氛中，與同儕或 　年幼孩子性愛撫
青少年前期 （10-12 歲） 青少年 （13-18 歲）	個別化 與家庭分離 與父母保持距離 發展與同儕的關係 藉由同性或異性同儕 　練習親密感 墜入愛河	手淫 性探索 偷窺 接吻 性愛撫 模仿性交 性交

可成為心理困擾的指標。兒童早熟的性活動通常是因為受到了兩種刺激：經驗與暴露，這些展現出早熟性行為的兒童，可能與成人或較年長孩子有過性接觸，因而使孩子模仿學習了此一行為；或者兒童因暴露在明顯的性活動下，而過度刺激，並將這些活動付諸行動。許多年幼的孩子可以在電視上看到色情影片。

性化兒童的另一特徵是，孩子會有無法停止的手淫行為。未曾被性虐待的孩子可能會在某人進入房間時，匆忙地停止手

18

淫行為；然而，受性虐待的兒童可能從他人身上學習到性行為，因此在他人進入房間時，會繼續原本的手淫行為。

　　臨床治療者已指出了受性虐待兒童既複雜又專注的性行為，這些行為總是不尋常與令人擔憂的。孩子可能會進到治療室，脫掉他們的內衣，並開始手淫，弓起身體，或努力要讓治療師參與此性活動。這樣的舉動是可以被理解的，因為他們已經被制約要這樣做；不過，此種行為基於幾種理由必須被消除：孩子會變成年幼（或年長）兒童的威脅者，要求或脅迫參與性有關的接觸；孩子也可能會接近不能或不願設定適當界線者，而再次成為潛在的受害者。此外，極端的手淫行為會造成受傷或感染，如此應要求醫療的協助。近來，表現出這樣不適當及具潛在危險行為的孩子，會引起他人負面的反應，並進而被排斥、拒絕。

　　因此，治療師必須要對孩子快速地設定並增強一致且直接的限制，同時也必須建議孩子可替代的行為。這樣的處遇必須與父母及照顧者一起共同討論，藉以維持一致的反應；例如，治療師可能會說：「你摸我身體的私密部分或親我的嘴是不適當的」，或是「你在我辦公室裡脫掉內衣是不恰當的」。而在這些限制之後應立即地建議孩子替代性的行為；例如，「我看到你試著引起我的注意，其實你可以摸我的手並叫我的名字」，或是「我看到你試著告訴我你的感覺，當你想說出你的感覺時，你可以畫下來、寫在卡片上、說一個故事，或告訴我

你的感覺」。

19 　　行為的症狀顯示了孩子的沮喪，它們是孩子最根本擔心的警告，這些症狀的行為通常會讓孩子受到關注，因為父母、學校人員或其他人可能會在注意到孩子不適當的行為時，為孩子尋求諮商；雖然，症狀行為可能迅速對應上治療，但根本的議題通常需要更額外地用心關懷。

第五節　*創傷的影響*

　　許多受害（victimized）的兒童也可能受了創傷（traumatized），此兩個詞彙常被交換使用，不過它們的意義卻大不相同。受害（victimization）是一個被廣泛運用的概念。某人可能會在一艱難的工作面試、測驗或被要求提供資金時感到受害；而弱勢族群常常會因為警察或主流族群的態度感到受害；學生則會在一男性支配的管理中感到自身受害。感到受害的人可以是不受到創傷的，然而，經歷創傷者卻總在創傷事件中感到受害。

　　除了如 Herman（1981）、Kempe 與 Kempe（1984）、Martin（1976）及 Sgroi（1982）對這些受害者治療的描述外，治療兒虐受害者時，評估其受創傷的各種不同影響是相當重要的，一如 Eth 與 Pynoos（1985）、Kluft（1985）、Putnam（1989）及

van der Kolk（1987）的說法。所以，臨床治療者往後應要發展
其治療的特色，包含對受害與受創傷兩種議題的回應。

　　如先前所提到，Eth 與 Pynoos（1985）相信，心靈的創傷
發生於「當個人暴露在無法抵擋的事件後，在面對無法忍受的
危險、焦慮與本能的警醒時會感到無助」（p. 38）。van der
Kolk（1987）則指出，創傷反應被許多因素所影響，包括施暴
的嚴重性、基因傾向、發展階段、社會支持、先前的創傷，與
孩子已存在的人格；孩子面對創傷的影響會有極大的風險，因
為他們還未建立認同感，且因應行為仍十分有限。

　　Freud 最初認為，精神科方面問題是兒童早期創傷的結果，
他解釋患歇斯底里病人的認知、情緒與行為症狀為早期創傷事
件的象徵性複製。這些複製是為了釋放過多的能量，以獲得掌
控感。然而，當 Freud 放棄了此種想法，轉而支持其為兒童的
幻想，並認為此是「對真實事件的錯誤看法」時，心理分析學
派對創傷的興趣也暫時停止了。

　　近二十年來，對特定創傷所造成後果的興趣再度呈現，van
der Kolk（1987）指出，當特定創傷如戰爭、集中營、強暴的影
響，被形容為個別的實體時，此種較接近的解釋會使創傷所造
成的影響更加地清楚，因為「人類對不可掌控之生命事件的回
應顯然是一致的，雖然創傷的本質、受害者的年齡、人格特質
與社區的回應，都可能會對最終創傷後的適應有重大的影響」
（p. 2）。van der Kolk 一直認為，創傷後症候群的核心特質是

20

非常一致的，因此，許多兒童虐待的心理層面後果，可以被視為是未解決創傷的創傷後重演。Eth 與 Pynoos（1985）相信，「孩子對精神創傷的早期反應通常包含了對認知（包括回憶、學校表現與學習）、情感、人際關係、衝動控制及行為、生長功能與症狀形成的有害影響」（p. 41）。而 Wolfenstein（1965）則認為，受創的年幼兒童更會感到無助且消極，需要外界大量的協助以重建心靈上的平衡。

21　　　　Terr（1990）聲稱「受創傷的孩子會在行動上出現複製。受到驚嚇或嚴重壓力的成人傾向說出來、作夢或想像；而孩子則多由行動表現出來」（p. 265）。Terr 也認為，雖然創傷事件是外在的，但是「很快就會被內心所吸收」，尤其當個人在創傷事件中感到「完全無助」之時（p. 8）。其他學者（Bergen, 1958; Eth & Pynoos, 1985; Maclean, 1977）觀察了學齡前受虐兒童投入創傷遊戲重演的方式，Wallerstein 與 Kelly（1975）形容這些創傷後的遊戲為「充滿負擔、受限與無趣的」。

　　　　先前我曾指出，要治療成年的創傷倖存者，最重要的是要評估他們對創傷的解決方式，而創傷可以以正面、負面及功能性的方式解決。正面解決發生於：

　　　　成人能以具現實感的方式度過創傷，經歷因事件清楚
　　回憶所引起的任何層面的痛苦、憤怒或失落，……能正確
　　地接受創傷事件，不會不理性地認為要為事件負責……

（成人）能了解事情已經過去，不再因為回憶事件而心力
交瘁，猶如身旁有一明顯、重現的危險……個人不必在意
識及潛意識中被強迫重現事件。（Gil, 1989, p. 114）

　　能達成此種解決方式的人，打破了先前無助的模式，並感
到更能控制生活，不再讓創傷左右自己的精神生活。

　　而負面的創傷解決方式與正面解決方式正好相反，對個人
而言是具破壞性及限制性的，個人會持續活在創傷事件的情緒
氛圍下。Kardiner（1941）認為，人類對創傷的反應有以下五種
特徵：

- 持續驚嚇的反應與易怒
- 傾向爆發氣憤的情緒
- 固著於創傷事件
- 一般的人格功能受限
- 反常的夢想生活

22

　　當個人擁有負面的創傷解決方式，這些症狀會持續，並因
壓力而惡化。多數典型的未解決創傷的負面影響在於，創傷會
經由突如其來的想法或夢及麻木感等方式再現，這些反應目前
已為心理學及社會心理學所了解〔創傷後壓力症候群（Post-
traumatic Stress Disorder, PTSD）的診斷分類在一九八〇年被併
入 DSM-III-R〕。許多創傷未被解決的人會呈現 PTSD 的症狀，
包括惡夢、瞬間經驗重現、情緒化、身體感官與幻聽，並尋求

諮商以減輕這些症狀；大部分的臨床治療者都同意創傷事件最終會被察覺，並形成一種觀點，或者此種入侵將會持續地存在（Figley, 1985）。

功能性的創傷解決方式只是暫時的，並不能維持很長的時間。這樣的解決方式能夠成功地逃避令人不舒服的刺激，並依賴某些防衛機轉，如否認與壓抑。然而，當外在的情況使得此種方式無效時，便會讓倖存者陷入危機。

如前所述，解離與創傷有強烈的關聯，這樣的關聯很早就被發覺：Briquet 率先在一八五九年形成解離的概念，而 Janet（1889）則是第一個指出解離的狀態多發生在兒童被性虐待與身體虐待之後。解離被視為將大量的資訊、知覺、回憶、動機及情感分離、孤立的過程，是對抗嚴重壓力的防衛機制，能使個人從原始的創傷中獲得保護，但卻使個人在面對往後的壓力與類似刺激時的反應，有好似再次經歷了創傷的傾向；觀察受虐的成人倖存者的情感與心理反應便可得知此現象，即使不清楚最初的創傷為何。

23

欲幫助受虐者的臨床治療者必須精通於對解離的治療，因為這是創傷倖存者的普遍特徵。Braun（1988）以 BASK 模式，解釋人的主要意識是由行為（Behavior）、情感（Affect）、感覺（Sensation）與知識（Knowledge）四種過程所組成，會隨著時間的連續面發生功能。當完整的 BASK 成分經過時間仍保持其一致時，意識便為穩定的，且心理運作過程是健康的。

Braun 指出「心理治療的目標在於取得 BASK 的各面向在時空中的一致性，如此能降低解離的思考過程，減少對解離防衛的需求，更能控制與環境之間的互動」（p. 23）。

在創傷發生後，以及防衛機制增強之前，立即進行這些受創傷孩子的治療工作，能提供給我們一個意想不到的機會和創傷對話。

另一特殊的概念為，未解決的創傷會經由夢、回憶、感覺、行為的重演等事件滴漏至意識中，這些事件可視為靈魂欲揭露創傷，並卸下所伴隨的感受，先前為了延宕與逃避不舒服的情緒，使這些感受受到了限制。

在提供安全與支持性的環境下，讓孩子可以更接近創傷源頭，才可能引導出呈現先前創傷的特別遊戲。Terr（1990）發現，受創傷的孩子「似乎只有兩種行為的選擇，不是玩，就是重演」（p. 265）。她更進一步指出，這些創傷後的遊戲是相當特殊的，Terr 在對二十三位在加州喬吉拉被綁架、遭受巴士縱火經歷的學齡兒童進行治療工作時，首次觀察到此種遊戲。所有的孩子都安全地返家，並提供了 Terr 博士長期研究創傷受害過程的機會。Terr（1983）定義的創傷後遊戲包括了十一個部分： *24*

強迫性重複；在潛意識中將遊戲與創傷事件作連結；只有簡單防衛而無想像力的遊戲；無法釋放焦慮；廣泛的

年齡範圍；落後一大段的發展；對未受創傷年幼者的強
勢；影響新一代的兒童；危險；重複的亂畫、說話、打字
與聲音複製；治療性的創傷後遊戲重現早期創傷的可能
性。（p. 309）

　　Terr（1983）指出，要在辦公室直接觀察到創傷後遊戲是
非常不尋常的，可能因為遊戲的本質是秘密性的。然而，依我
的經驗，*建立創傷工作的脈絡*（setting a context for trauma
work）能促進孩子的創傷後遊戲或行為的再次重演，透過這種
遊戲的型態，我們可以協助孩子朝向解決創傷之路邁進。
Johnson（1989）認為，創傷後治療的中心任務包括了「再經
驗、釋放與再組織」（p. 119），無法釋放焦慮或無法超越純為
娛樂情節的兒童，可從有治療師參與的創傷後遊戲中獲得助
益。關於設定脈絡的技巧與遊戲過程的處遇建議，將在稍後的
章節予以討論，並以案例的方式呈現。

　　不過，Terr（1990）也在隨後的研究中提出警告，創傷後
遊戲可能無法釋放孩子的焦慮；且事實上，「如果孩子太常出
現重演行為，則其人格發展會受影響，造成『適應不良的人格
結構』」（p. 269）。Terr強調，「修復這些在創傷失調後重新
排列的人格特質，是精神科醫師對受虐兒童的未來所做的最重
要貢獻」（p. 270）。Terr認為創傷後遊戲可以是「危險的」，
因為「當遊戲開始時，便可能引發比過去意識中更多的恐怖感

受」（p. 239），她認為創傷後遊戲會抗拒詮釋或澄清的技術， *25*
但加上行為處遇卻可能造成有效的結果。這些資訊強調了教導
父母與受害兒童因應害怕及焦慮策略的需要。

　　受虐兒童的臨床治療師應要建立評估創傷解決需求的方
法，能提供脈絡與方向，促發創傷後的遊戲並適時進行處遇；
但對創傷及其影響沒有深入的了解，是無法達成以上的目標
的。然而，在受虐兒童治療結果的研究「幾乎在文獻中不存
在」的情形下，臨床治療師沒有太多的規則與指引可遵循
（Azar & Wolfe, 1989, p. 481）。

第二章

兒童治療：與受虐兒童工作之應用

The

Healing

Power

of Play

Working with Abused Children

似月更似深海，對大多數人而言，兒童的心靈不但神
秘而且難以探測。

——J. Alexis Burland & Theodore B. Cohen

26　　　　Sours（1980）形容兒童治療為「一個兒童與治療師間的關
係，主要目標在於症狀的解決與達到適應的穩定」（p. 275）。
兒童治療從一九〇九年 Freud 試著心理治療具歷史意義的小漢
斯起，開始成為不同的工作型態；雖然遊戲還未直接使用於兒
童治療中，*兒童治療*（child therapy）與*遊戲治療*（play ther-
apy）一詞已常被交換使用。直到一九二〇年，Hermine Hug-
27　Hellmuth 才開始以遊戲作為兒童情緒問題的診斷與治療工具
（Schaefer, 1980）；而 Melanie Klein 與 Anna Freud 則在十多年
之後發展出心理分析遊戲治療的理論與實務。

　　　　大多數兒童治療師同意遊戲是治療孩子最有效的媒介，但
也有人（Freiberg, 1965; Sandler, Kennedy, & Tyson, 1980）提出
質疑，認為無論遊戲是否造成結構性的改變，遊戲的品質是含
糊的，未包含夢的成分與自由聯想。Schaefer（1983）聲稱：
「要每個人對遊戲及遊戲治療有興趣，且對遊戲一詞有清楚的
了解是有些困難的，因為遊戲一詞尚未發展出單一、完整的定
義」（p. 2）。不過，遊戲的潛在好處仍被充分地證實，
Schaefer 形容遊戲是「愉悅的」、「使本質完整」、「不受外
在報酬與他人影響」、「非工具性的、沒有目標的」、「不發

生於新奇或令人害怕的情境中」；Schaefer 認為，遊戲是以人為導向勝於以目標為導向。

　　Schaefer（1980）更進一步指出：「心理學最堅守的原則就是，遊戲對孩子而言是發展的歷程」（p. 95）。遊戲已經被另外形容成發展「問題解決與能力技巧」的機制（White, 1966）；是允許孩子對經驗與情緒做「心靈消化」（mentally digest）的歷程（Piaget, 1969）；是孩子學習因應環境的「情緒實驗室」（Erikson, 1963）；也是孩子「用自己的語言與玩具說話」的方式（Ginott, 1961）；孩子透過「玩出來」（play it out）處理自身行為與所在意的事物（Erikson, 1963）。Nickerson（1973）則視遊戲活動為主要的兒童治療方法，因為遊戲為自我表達的自然媒介，可以促進孩子的溝通，並淨化感受使之再生、建構，成為成人觀察兒童世界的一扇窗。兒童在遊戲場所中會有如在家般的感受，願意玩玩具，並透過玩具玩出所在意的事物。而Chethik（1989）點出了遊戲治療的重點：「遊戲本身並不能常常造成改變……治療師的介入與對遊戲的運用才是最重要的」（p. 49）。此外，臨床治療師不只是玩伴，還應該是參與者—觀察者，我相信，治療中的遊戲必須要藉由治療者有意義的涉入，才能有所助益。游戲治療最常發生的錯誤在於，任由孩子在相當長的一段時間中隨意地玩，忽略其玩的內容，並提供不能自我表達的玩具。

　　當對兒童治療的關注逐漸升高，以及特定兒童的轉介數量

28

不斷增加，不同的治療技術、遊戲與玩具也已經逐漸發展成形，遊戲治療已經形成了多元面向，變成令人興奮的研究領域。

第一節　遊戲治療的歷史發展

　　如前所述，Sigmund Freud 於一九○九年首次運用遊戲發掘了案主潛意識中的害怕與在意的事物；Hermine Hug-Hellmuth 則在一九二○年開始運用遊戲為治療的一部分（Hug-Hellmuth, 1921）；而在十年後，Melanie Klein 與 Anna Freud 形成了心理分析學派的遊戲治療理論與實務。此種遊戲治療的型態一直是兒童治療中最受重視的形式，通常會由分析師來引導治療的進行。

精神分析學派遊戲治療

　　Anna Freud 與 Melanie Klein 曾寫下他們如何將遊戲融入精神分析的技巧。Anna Freud 提倡遊戲主要的作用在於，讓孩子與治療師建立堅固正向的關係；而 Melanie Klein 則運用遊戲為語言的直接替代方式。他們的基本目標在於：「藉由協助孩子得到領悟，幫助他們走過困難與創傷」（Schaefer & O'Connor, 1983）。Anna Freud 一再指出：「治療的必要任務在於移除阻

礙孩子發展的障礙，並允許其擁有向前進的力量與自我資源，
以完成發展的任務」（Nagera, 1980, p. 22）。Klein（1937）則
認為，分析孩子與治療師間的情感轉移關係，是對孩子內在衝
突領悟最主要的來源。

　　Freud 與 Klein 以兒童有遊戲的本能傾向，取代了成人分析
中的基本概念——自由聯想（Nagera, 1980），他們認為，遊戲
可以發現孩子潛意識的衝突與慾望，遊戲是孩子自由聯想的方
式。Klein 則提出，兒童遊戲與成人的自由聯想是「完全相同」
的說法，而且「一樣可以被詮釋」；然而，Freud 的理論則認
為，兒童遊戲並不等同於成人的自由聯想，而是在大量的資料
中對行為加以自我調解，並需要來自各方面的補充，包括父母
（Esman, 1983）。精神分析學派的遊戲治療，基於對抗拒與情
感轉移的分析，強調詮釋及辨識孩子是否能象徵性地運用遊
戲，以控制內在所在意事物的能力。Nagera（1980）則指出，
即使 Freud 與 Klein 最初在理論的原則上有相當大的差異，不過
隨著時間變遷，此兩種理論之間有了更多的交集。Anna Freud
的學生 Fries（1937）在對兩個理論區別的描述中，強調其實
Freud 對詮釋有保留的傾向。

　　Esman（1983）形容精神分析學派的遊戲治療焦點在於：
「孩子用自己認知能力層次表達，及以自己情感上可以忍受的
方式，來溝通其願望、幻想與衝突」（p. 19）。他更進一步指
出，治療師的功能在於「觀察、嘗試了解、整合及溝通孩子遊

30

戲的意義，促使孩子了解自己的衝突，終能獲得最適合的解決
方式」（p. 19）。

結構學派遊戲治療

在一九三〇年代晚期，「結構學派治療」興起，此治療較
為目標取向，源於心理分析的架構，並相信遊戲的淨化價值，
及治療師在決定治療內容與聚焦的主動性角色（Schaefer &
O'Connor, 1983）。

Anna Freud 最初發現情感的釋放是有用的，不過隨著之後
經驗的累積，她只鼓勵在嚴重精神創傷的個案中使用此種方
式。David Levy（1939）受 Anna Freud 的結論及 Sigmund Freud
的「強迫性重複」（repetition compulsion）概念所影響，對經
歷創傷經驗的孩子引進「釋放治療」（release therapy）的概
念，Levy 幫助孩子透過遊戲再次營造創傷事件。此種遊戲的目
標在於，藉由創傷的一再重演，幫助孩子同化與創傷有關的負
面想法與感受；不過，Levy 也警告這種技巧不能太早使用，除
非已經建立了強烈的治療關係。此外，他也強調應要避免使用
「洪水法」（flooding），因為孩子會被強烈的情緒所淹沒而無
法同化它們。

其他著名的結構派治療師包括了 Hambidge 與 Solomon。
Solomon（1938）認為，幫助孩子在遊戲中表達憤怒與害怕，
但卻不經歷害怕的負面結果，具有發洩的效果；而 Hambidge

（1955）則比 Levy 更為直接，其藉由提供孩子玩具，促使孩子再次創造創傷：換句話說，Hambidge 藉由在遊戲中*直接*（directly）再次營造事件或生活情境，達到發洩的效果。

關係學派治療

Otto Rank 與 Carl Rogers 也為*非指導式的*（non-directive）治療師，為關係學派主要的擁護者，此學派立基於特別的人格理論，其認為「個人不只有解決自己問題的能力，同時也具有使行為更成熟的成長力量」（Schaefer, 1980, p. 101）。此種治療方式提倡完全接納孩子，並強調治療關係的重要性。Moustakas（1966）為另一位兒童治療領域的擁護者，強調真誠的治療師是成功治療的重要保證；他強烈呼籲此時此刻（here-and-now）為成功治療核心的重要性。Axline（1969）也相信治療關係的重要性，視此為「決定因子」（p. 74），其暢銷書《尋找自我的黛比》（*Dibbs in Search of Self*）[譯註]（1964），則清楚描述了非指導性治療的優點所在。

行為學派治療

在一九六〇年代，根基於學習理論的行為治療學派興起，

譯註　　本書已由遠流出版，中文書名為《如何幫助情緒障礙的孩子》。

治療師運用增強與模仿的概念來減少孩子的問題行為。行為學
派只關注於問題行為本身,而非過去歷史或者行為前後的感
受,也不企圖釋放情感、進行淨化或宣洩行為,或是幫助孩子
表達感受。行為學派可以直接運用在遊戲室中或教導父母在家
中使用,此治療被廣泛應用於孩子的問題,特別是那些缺乏成
人引導與設限的孩子。在此架構中,遊戲成為達成目標的工
具,本身的價值較不被強調。

團體治療

32

　　Slavson(1947)在一九四七年以實驗團體的方式,指導潛
伏期的孩子透過活動、遊戲、藝術與雕塑,幫助他們「釋放情
緒與身體上的緊張」(p. 101)。到了一九五〇年,Schaefer發
展了最早所謂的「治療性的遊戲團體」(therapeutic play groups)
(Rothenberg & Schaefer, 1966),孩子可以自由地與極少介入
的治療師互動;Schaefer(1980)認為,此治療最獨特的部分,
在於「孩子必須學習與其他孩子分享一位成人」(p. 101)。團
體治療成為當代的流行,部分原因在於可節省成本,而另一部
分則因為人們逐漸相信此形式是有效的。Yalom(1975)指出
了團體治療提供相當可觀的「治療性」優點,包括:注入希
望、普遍性、資訊給予、利他主義、初級家庭團體的修正後再
現、社會技巧的發展、行為模仿、人際技巧的學習、團體凝聚
力、淨化作用、存在主義因素。Kraft(1980)則說明了有效的

團體治療應包含的要素如下：

　　領導者與協同領導者最好為一男一女，要能發展凝聚
力、確定團體目標、向團體展現如何發揮功能、使團體保
持目標取向、以身作則，並代表一種價值體系。若能實現
這些任務，領導者便可能提供對現實的澄清、對轉變的分
析、簡要的教育、承認自身感受並同理成員、有時能描述
團體當時所面對的感覺。（p. 129）

　　一直以來，大家相信團體治療可以用於施虐父母（Kempe
& Helfer, 1980）。眾所皆知能有效運用此一方法於施虐父母的
機構為一九七○年成立於加州的「父母匿名會」（Parents
Anonymous, PA）；PA 除了運用心理健康的專業人員外，還讓
施虐父母成為團體的催化員。目前在美國有超過一千二百個 PA
團體。

　　另一種知名的治療模式為相當重視團體形式的「父母聯合　　*33*
會」（Parents United）。父母聯合會為 Hank Giarretto 博士在一
九七五年所建立，為「兒童性虐待治療方案」中的自助部分
（Giarretto, Giarretto, & Sgroi, 1984），此方案即為現在的「社
區為擴大家庭方案」（Community as Extended Family）。亂倫
父母與未施虐父母分成不同的團體，兒童的團體稱為「兒女聯
合會」（Daughters and Sons United）；而成年倖存者則形成
「兒童期被騷擾的成人」（Adults Molested as Children,

AMAC）團體。現在全美有超過一百三十五個父母聯合會的方案正在積極進行中。

Mandell、Damon等人（1989）寫了一本關於受虐兒童團體治療的書，此書相當有效且適時，其認為對照顧者也應有相等的治療。作者運用了不同的遊戲技術幫助孩子們開放其受虐經過，並建立孩子彼此間的信任感。他們為團體治療的目標做了如下的定義：

- 定義團體成員可接納的行為，並設定互相尊重的界線。
- 促進團體互動，並增強合作的努力。
- 介紹並鼓勵對一般經驗的討論，藉以增強歸屬感，促進兒童與照顧者兩者的團體凝聚力。
- 透過對個人感受與想法的確認，增強成員的自信，在促成團體的經驗中認可每位成員的重要性。
- 幫助團體成員了解團體目的。
- 增強照顧者的能力，使其可以開始以日漸增長的敏感度、了解及同理來對待孩子。（p. 27）

另一個試驗的方案，是由 Corder、Haizlip 與 DeBoer（1990）運用結構性團體治療六至八歲受性虐待的兒童，目的包括整合創傷、增進自尊、促進問題解決的技巧、未來的自我保護、增進尋求協助的能力，並增強兒童與非施虐者父母間的關係。

在另一項對性受虐男孩的初步團體計畫中，Friedrich、Berliner、Urquiza 與 Beilke（1990）提倡更具開放性的治療，透過兒童所處的發展階段（而非實際年齡）來篩選團體成員，以促進更良好的同儕互動。

團體治療並非沒有爭議，我常常聽到團體可能會在無意中鼓勵孩子過分認同自己的受害者角色，及孩子因為在情感上關心其他的孩子，而有「被傳染」的潛在可能性。此外，團體有時會以隨意的方式進行，沒有明確的進行時間，缺乏清楚的目標，成員可能因為不一致與缺乏經驗的領導而受到傷害。Mandell 等人曾在其書上討論過這些爭議，然而，這些爭議並不會損害團體經驗的潛在優勢。

沙盤治療（Sand Tray Therapy）

若不提到 Dora Kalff（1980）顯著的貢獻，那麼兒童治療的主要模式就不完整，因為他創造了沙盤治療。沙盤治療立基於榮格治療的原則，將沙盤視為孩子心理靈魂的象徵，沙盤治療師會解釋孩子在沙盤中所運用的象徵與對物體的擺設，並觀察孩子在特殊階段的治療經過。愈來愈多的治療師在治療中使用沙遊，此種類型的遊戲治療獨樹一格，以其特有的理論與技術令人印象深刻。

第二節　　*兒童治療的技巧*

早先曾強調的理論——心理分析、存在主義、行為學派與
榮格學派，為兒童治療的主要架構，大部分眾所皆知的技術都
可被歸納在某一理論之下。區分兒童治療與兒童治療技術是重
要的，兒童治療是基於某個理論架構的；而技術則是依理論的
架構被選擇來實行其概念。一些兒童治療能彈性地合併不同的
技術，而有些治療則會局限於某些治療的取向。

第三節　　*指導性與非指導性的遊戲治療*

另一種對兒童治療的分類是將遊戲治療區分成指導性及非
指導性的。非指導性或案主中心遊戲治療，是由關係治療師所
提倡的，是非侵入性的；與 Carl Rogers（1951）所創的案主中
心取向是平行的。Axline（1969）被認為是此種特殊遊戲治療
的創始者，她以簡單的說明區分指導與非指導治療：「遊戲治
療可能在形式上為指導性的——即治療師被認為有指引與解釋
的責任；而遊戲治療也可能為非指導性的，治療師將這種責任
與方向交給了孩子」（p. 9）。孩子被鼓勵選擇玩具，並有發展

或終止任何特殊主題的自由。Guerney（1980）認為案主中心治
療有兩個主要特色：第一，案主中心取向「被視為能促進成長
與正常化的過程」；第二，治療師「必須信任孩子可以以自己
的速度指引治療的過程」（p. 58）。非指導性的治療師會觀察孩
子的遊戲，並常常以口語去確認所觀察到的。Guerney 說：「非
指導遊戲治療的目的在藉由自己的地圖了解自我」（p. 21）。

　　非指導性的治療師會以時間驗證假設，只有在大量觀察之
後才會謹慎地使用詮釋，他們集中注意力在孩子身上，並抑制
給予孩子答案或指導。Axline（1964）在其經典著作《如何幫
助情緒障礙的孩子》中展現了非指導性治療的運用，非指導性
的技巧在治療的診斷階段總是很有幫助的，一如 Guerney
（1980）所指出，非指導性治療在許多問題範圍上是有效的。

　　指導與非指導取向的基本差異在於治療師在治療中的活
動。指導式的治療師結構化並創造遊戲情境，藉由挑戰孩子的
防衛機轉及鼓勵或引導孩子到有利的方向，來引發、刺激、侵
入孩子的潛意識、隱藏過程或外在行為；而非指導式的治療師
「實際上是被指揮的，總是焦點於孩子身上，配合孩子的溝通
方式，即使是在細微的部分亦是如此」（Guerney, 1980, p.
58）。指導性治療在本質上較為短期、症狀取向，且與非指導
性治療相較，較少使用治療的情感轉移。

　　指導性治療是多元的，包含了其他的部分，如行為治療、
完形治療、子女治療與家族治療。某些特殊的技術，如玩偶、

說故事技巧、某些棋盤遊戲、不同形式的藝術，會以不同的方式在治療中被使用：非指導性治療師會提供孩子有充足的機會去接觸藝術或運用玩偶說故事，而指導性的治療師則可能會請孩子畫出一特殊的事物或說出一個精確的故事。

第三章

受虐兒童的治療

The

Healing

Power

of Play

Working with Abused Children

第一節　與受虐兒童工作的治療考量

在評估受虐兒童治療的需要與形成治療計畫時，有一些議題是必須思考的，包括虐待所影響的現象、家庭失功能的程度、環境的穩定、孩子的年齡及孩子與攻擊者間的關係。

虐待行為通常只是孩子眾多要承受的經驗之一。不過，兒虐通報所造成的法律與保護處遇，多半會引起孩子的困惑與焦慮；因此，對這些受虐兒童來說，治療應該是多面向且包含多樣服務的，包括個人、親子、團體、家族治療，這些服務應在社會福利與法律系統的規範與限制下來提供。

對受虐兒童的治療包括了監控風險因子、與不同機構協商、堅持有定期的報告、焦點於兒童與家庭的創傷過程、對錯綜複雜家庭動力的處遇、觀察親子間的互動、與寄養家庭或其他暫時性照顧者一起工作、倡導、必要時上法庭作證，其餘特殊的活動將在本書之後的章節中有所討論。

現象上的經驗

視每位孩子的經驗為獨特的是非常重要的，在本書前半段曾提到虐待的「中介因素」（mediators of abuse），而虐待的影響也應有判斷的標準，例如虐待的時間長短、嚴重性、症狀多

寡、誰是施虐者，或孩子如何呈現等。事實上，每位孩子的反應都是不同的，雖然研究提供了一般影響的全面性地圖，不過，只有精確的解釋才能顯示出細微的地標所在。

　　我曾與有五個孩子的家庭工作，孩子的年齡分別是二歲、四歲、七歲、十歲與十五歲，他們家被突發的瓦斯爆炸所燒毀，父母對此作了及時且適當的反應，他們為孩子買了和原來所喜愛物品一模一樣的東西，以團體方式與孩子討論這個經驗，並與孩子一起參加了幾次家庭諮商。父母掌控了權威，並適當處理了他們的壓力，向孩子傳達了正向的感受，強調家庭成員全數倖存的事實，這是最具奇蹟和最重要的一件事。父母同時也具有租一個舒適的家的經濟能力，其保險也提供了建立新家的補償，孩子可以參與計畫，並擁有「設計」自己空間的權利。治療幾乎是多餘的，因為父母能促使孩子有效地運用言語溝通，此為明顯親密、重溝通的家庭，能在危機中運用自身的技巧。較年幼孩子的藝術作品與遊戲有災難重現的成分，會畫出火與倒塌的房屋，而有些孩子則會在睡覺時顯得焦躁，特別是年紀較大的孩子，因為他們似乎深深地了解到自己與死亡是如此接近。

　　在六至八次與家庭的聯合會談後，父母與我均同意未來當孩子有需要時，我都還會提供協助。六個月後，這對父母帶了他們七歲的兒子進入治療，因為他無法入睡，並失去食慾（體重只有十二磅），呈現出恐慌的間歇性狀態；父母親形容了兒

子的「古怪」行為——會躲在角落裡吸吮大拇指，並發呆。此外，他也害怕接近火爐、壁爐（即使從未使用過），甚至是浴缸裡的熱水；任何細微的聲響都會使他退縮，他也拒絕到戶外玩耍，兄弟姊妹都無法與他談話或遊戲。這個例子顯示出，孩子雖然事前未有指標顯示其人格差異，但在同一事件上，每個孩子所經歷的也會與他人不同。唯一的解釋在於，個人的知覺、整合與對個別或累積事件的處理過程具有現象學的本質，這些獨特性是需要被尊重的。

不論最初的處遇為何，對未來工作設定治療的情境脈絡是有好處的，許多我的兒童案主經歷了「不連續的治療」（dis-continuous therapy），此種治療允許並鼓勵家庭在需要的時候，為了「檢查」（checkups）而重返治療；不過，我堅信創傷受害者愈能盡快進入治療，對其幫助愈大。

Terr（1990）立即指出，兒童與家庭可以多快地自創傷中復原，也對延遲治療做出警告：

40　　　　延遲對創傷的治療是最糟糕的事，創傷不會自己痊癒，只會在孩子的防衛與因應策略下愈來愈潛伏。孩子會被壓抑、情感轉移、過度概化、認同攻擊者、分裂、由被動變主動、毀滅與自我麻醉等所主宰。在運用了這些因應與防衛機制後，創傷會看似痊癒，但是創傷仍將持續地影響孩子的人格、夢，以及有關性、信任的感受與對未來的

態度。（p. 293）

在面對新的兒童受害者時，所有對受虐兒童的預設立場都必須終止，事先假設兒童都會生氣、感到背叛、沮喪等，會有不良的後果。我們在進入初評階段時，必須拋開受害者或創傷的一般（general）常見影響之偏見，從每位孩子的獨特經驗中獲得學習；只有孩子才能告訴我們這些經驗的意義，也只有在孩子可以允許我們理解受害者或倖存者不可思議的生存本能時，他們才能表達或告知我們他們所需要的，雖然言語的指引是少之又少的。

治療師必須將自己的治療流程放在一旁，治療計畫必須要針對個人來設計，並在連續的基礎上進行修正。

家庭失功能的層次

當與受虐兒童的工作告一段落時，治療師可能會也可能不會接觸到受虐的家庭；而虐待家庭，特別是疏忽的家庭，經常是有多重問題，並為高度失功能的家庭。

即使治療師能接近家庭，但治療的影響卻有可能因為他們的功能層次太低而被降低。因此對治療師而言，降低期望與設計實際可達成的目標是很重要的；治療師也必須確認家庭是如何看待孩子的進步的。例如，治療師可能鼓勵孩子要多表達自身的感受，但其環境卻會對其說出感受予以處罰。若家庭不能

41　回應孩子，且持續在多重的危機下運作，則最有效的處遇就應
該是幫助孩子因應環境中的現實。

監控風險因子

　　提供受虐兒童服務時，尤其是針對那些安置在非原生家庭
的受虐兒童，要特別著重父母與孩子雙方的風險因素。正如
Green（1988）所說：「任何對受虐兒童的治療計畫都應該要創
造一個安全的環境，並減輕在不當治療下的可能風險因素……
一個有效的治療方案必須特別處理父母的施虐傾向、會讓孩子
易受傷害的人格特質，以及環境中會引起施虐的壓力」（p.
859）。因此，對引起虐待的因素有清楚的了解，並讓父母一起
對這些因素有全面的回顧，是相當必要的。例如，虐待其中一
因素為父母的酗酒問題，則處遇應要監控父母是否有持續參與
酗酒治療方案。而若法庭要求孩子必須參加每日日間照顧方
案，則查證此事是否有必要確實進行是很重要的；如果父母的
治療是由另一位治療師進行，則孩子的治療師應有責任與相關
專業人員接觸，並協調治療處遇中的風險管理部分。

環境的穩定度

　　如同先前所述，受虐家庭多會有較廣泛的問題，可能是住
屋問題或是經常遷居、住在庇護所，甚或是遊民。因此，治療
的基本焦點應是提供家庭與孩子充分的資源訊息與可能的因應

技術，選擇與受虐家庭工作的治療師必須要熟悉許多已存在超
過十五年的預防與治療方案。美國的地方兒虐委員會能提供最
新的資訊，電話皆可在電話簿中找到。此外，全美兒虐熱線也
提供了最新的資源訊息（1-800-4-A-CHILD）。

42

孩子的年紀

　　對兩歲以下的孩子進行遊戲治療是很困難的，因為他們的
認知、動作與語言能力與三歲孩子是不同的，這個年齡的孩子
應要透過評估來決定其是否經得起治療。雖然有許多專業人員
開始獲得及分享其專業知能（MacFarlane, Waterman, et al.,
1986），但對年幼兒童的治療經驗卻很少被記錄下來；不過，
即使是年幼的孩子也還是會有創傷後遊戲的表現，並透過遊戲
顯示其潛意識的害怕與在意的事物。

孩子與攻擊者的關係

　　如前所述，當孩子與攻擊者的關係愈親密，此事件對孩子
而言，就愈可能成為創傷。治療師一再被建議要輕輕起步，並
要暫時擱置對兒童加害者的個人判斷，孩子必須要能感覺到他
對加害者的任何感受，都能被治療者所接納。

　　然而，若孩子表現出只固著於某一種感受，則治療者可以
對此加以註解，並溫和地將孩子導向其他可能的情緒。我曾見
過一位年輕女孩，她實際上是被母親遺棄的，彼此只有偶爾才

會有接觸；女孩深深恨著母親，並認為自己是沒有用的，從不想要和母親有任何關係。有一天我輕聲地說：「妳能告訴我妳對媽媽有多生氣真的很棒，我打賭若妳能告訴我妳對媽媽的其他感受，也一樣會這麼棒。」她很快地回答：「我對她沒有其他的感覺。」我繼續說：「也許不是現在，但我打賭妳小時候也許會有一些其他的感覺。」她說：「當然啦，因為我當時不知道有什麼是更好的！」之後我開始詢問她曾有過什麼感覺，結果女孩在形容想和媽媽一起去所有地方的回憶時哭了起來，且當媽媽在外頭喝酒時，她會感到擔心。這是因為孩子在強調某一種感受時，並不代表其他感受不存在於表面之下。

另一位也對母親有過度敵意的孩子，他對其他的感受無法有反應，於是我帶了畫有「感覺圖」的小卡（Communication Skillbuilders, 1988），並在我手中展開；「抽一張！」我鼓勵著他，當他照做後，我請他告訴我，什麼時候他會對媽媽有如手中抽到的牌的相同感受。由於這是一個遊戲，並有明確的規則，孩子能簡單地默認，如此豐富的題材便能湧現。

治療孩子的環境

治療這一群兒童的另一項差異，在於孩子所在環境的不穩定性。孩子常會被安置在寄養家庭（或是一連串的寄養家庭）、團體之家或宿舍；我有不只一次因孩子轉移至其他郡或州而使治療突然中斷的經驗。

寄養家庭素質上有所差異，我曾接觸許多寄養家庭為高素
質的專業人員，最後變成治療團隊中的一部分。離開原生家庭
的孩子要額外地遭遇與父母及熟悉家庭環境分離的痛苦，所
以，通常需要處理他們的分離焦慮、對父母的擔心與忠誠衝突
（Itzkowitz, 1989）。

　　治療必須要包括對孩子環境的評估，並要嘗試與替代家庭
有定期的訊息交換。依我的經驗，大部分寄養家庭的父母多歡
迎與治療師接觸，也樂於成為專業團隊的一員，會提供許多有
價值的洞見及關於孩子的建議。但也常常有寄養家庭或其他的
照顧者並未被接觸，治療師便無法從中獲得有用的資訊。

不連續的治療

　　之前曾提到，與受虐兒童的工作可能包括孩子間斷性的參
與，當法院的命令不再有效，或是受到經濟的限制時，都可能
影響父母做出讓孩子中斷治療的決定。此外，孩子也可能在一
段時間內治療情況良好，但之後卻又轉變成不想治療或不參與
治療遊戲的階段。在這些情況下，可使用不連續的治療方式；
無論如何，孩子都可以從這種短期、任務中心的治療中獲益。

治療師的性別

　　受虐兒可能會對與施虐者同一性別的人發展出特定的反
應，包括治療師在內，在某些例子中會有好處，因為孩子可以

056 遊戲的治癒力量
受虐兒童的治療工作

因此產生轉移，使議題能被解決。例如，我曾與一位被父親強暴超過一年的男孩工作，治療的時間超過兩年，男孩變得能夠良好適應長期的寄養安排，也能處理創傷議題，並發展出一種能力感、安全感與幸福感。安全環境與治療的結合令人驚奇；不過，我觀察到男孩總是討厭男人，當他看見我辦公室有男性治療師時，總會顯露出驚嚇的反應，他的遊戲顯示了對男性的保留，較喜歡與女性接觸。不幸的是，寄養家長為一位未婚的女性，男孩的老師們除了物理老師以外也都是女性；男孩會因為這名老師而逃避物理課，而學校也因為男孩過去的歷史而給其特別的寬容。於是，孩子成功地在生活中趕走了所有的男人。

我決定要將男孩轉給另一位男性治療師，一開始他激烈地反抗，但與這位男性治療師的聯合會談卻激起了男孩的好奇心，慢慢且篤定地，我可以看到他在新情境中探索界線，會詢問男性治療師問題，並交給他玩具，對自己的喜好能做出明確的陳述。終於，男孩要單獨見男性治療師的一天到來了，我則在辦公室外一個選定的地點等待，他衝出辦公室兩次，確定我還在那邊，但非常能接納這次的拜訪。這個治療持續了一年，即使我先前已經感覺孩子前進了一大步，但他與男性治療師的進展仍是有所助益的，男孩變得有活力，其更高壯的身材顯得長大了許多，他也加入了足球隊。他不再逃避男性，並與足球教練建立了良好的關係。

受害症狀與治療形式

　　過去關於受虐兒童的治療少有紀錄，雖然過去兩年來，有關治療性虐待與創傷兒童的書蜂湧而至（Friedrich, 1990; James, 1989; Johnson, 1989; Terr, 1990）；治療性虐待兒童成為受虐兒童治療中最熱門的研究與記載，許多發現也可以應用於其他形式的虐待。例如，Long（1986）討論了性虐待兒童的相關治療議題，包括讓兒童母親加入團隊的重要性、不適當依附關係、嬰兒退化行為、身體接觸及覺醒的需求、情感教育的需求等，這些領域通常會在對受虐兒童與疏忽兒童治療中被提出。Por-ter、Blick 與 Sgroi（1982）指出在與性虐待兒童工作時必須處理的心理議題，包括了「受損物品」（damaged goods）症狀、罪惡感、害怕、沮喪、低自尊、社會技巧缺乏、壓抑的憤怒與敵意。除此之外，還包括了亂倫受害者更典型的特質：信任能力受損、模糊的角色界線與角色混淆、假性成熟、無法完成發展任務及自我控制。所有兒童虐待與疏忽的受害者都能因為治療師焦點於這些議題上而受益，Burgess、Holstrom 與 McCausland（1978）強調，減低孩子的焦慮與試圖增進信任感是治療過程的第一步。MacVicar（1979）也強調性虐待的孩子常會將性與情感混淆，需要協助他們更了解什麼是性。Waterman（1986）在回顧了性虐待兒童治療的文獻後指出，許多治療的形式目前已被使用，如家庭系統、混合了對施虐者的行為治療、婚姻諮

46

商與家族治療、個別短期或長期的兒童治療、團體治療與藝術或遊戲治療。Terr（1990）則指出，受創的孩子通常會有害怕、憤怒、否定、麻木、未解決的悲痛、羞愧與罪惡感等情緒，她也認為這樣的孩子發展了「創傷恐慌症」（traumatophobia），即害怕「害怕本身」，這種害怕是由心理創傷而來，她表示：「這讓本來正常彈性的孩子變得保守」（p. 37）。Beezeley、Martin 與 Alexander（1976）從對十二位接受治療超過一年的受虐兒童研究中發現，當孩子增加了信任、延宕滿足、言語表達情緒與喜悅的能力及增強了自尊時，進步就會發生；且若父母願意使孩子與自己有所改變，而治療師能影響環境（學校環境、遊戲室）及兒童與他人的關係時，孩子的進步將會是最大的（p. 210）。Mann 與 McDermott（1983）指出，治療師須注意孩子的心理困擾包括了：害怕身體的欺凌或害怕被拋棄所導致的沮喪與焦慮；無法迎合父母扭曲的期望所導致不健全的客體關係、對依賴的掙扎、「壞小孩」自我形象的內化與低自尊；對分離與自主有困難；延長與增加的分離焦慮、因多重拒絕與家外的安置（包括醫院）所造成對照顧者依附的矛盾心理（p. 285）。

47

　　我無法想像一個受虐兒童不需要或不受益於個人治療。受害與受創傷的經驗是非常痛苦、緊急與困惑的，足以授權治療師快速地介入。個人治療包含了持續進行的評估，可能是短期的，也可能突然產生對家庭或團體工作的需求。不過，依我的

觀點，每一位受虐兒童都值得有與訓練有素的專業人員一對一的經驗。

同時，若孩子與先前的施虐家庭重聚時（無論是遭受身體或性虐待、疏忽或情緒的不當對待），親眼看見家庭成員與孩子在現場的表現是必要的。此外，如果虐待是發生在家庭之外，則整個家庭都會經歷到創傷事件的影響，所有成員都需要被協助。

沒有什麼會比直接觀察親子關係更為必要，因為此為兒童虐待的情境。許多無經驗的治療師會在父母堅稱自己有運用較好的管教技巧，並沒有造成過度的衝突後，卻對發現一個新的虐待事件感到困惑。父母會說自己對孩子的要求是平靜且合理的，但是直接的觀察可能會產生不同的結論；治療師可能會發現仍有需要改進之處，如父母聲調、音高與非語言的溝通一直都是嚴厲的，足以讓孩子害怕，並打消了自願服從的念頭。

家族治療師鼓勵所有家庭成員參與治療過程，但他們在示範引導有年幼孩子參與的家庭會期方法上被認為過於放任（Scharff & Scharff, 1987）。大部分典型的家族治療情景包括了：當孩子在角落玩玩具或畫畫時，家族治療師便與家庭的成人面談，Scharff 與 Scharff（1987）對家有幼兒的家族治療提供了許多有趣且有用的建議（p. 285）。

18

社會服務機構與法庭

　　與受虐家庭工作不可避免會接觸到法庭與社會服務機構人員，這些人員需負起監督兒童保護的責任。對成為非自願案主的父母而言，這類的接觸多被視為背叛。為了增加與案主形成治療聯盟的機會（常為矛盾之處），我通常會限制自己只以書面方式與社會服務機構溝通，並在郵寄之前先讓案主看過，如此可避免三角關係的產生，並減低案主的無助感；但若認為這樣簡單的行為能引發案主的信任感，可能會過度期望，不過，大部分案主對這種配合主管機關的方法都能有良好的回應。

　　在與這些虐待家庭及兒童工作時，確認主管機關對他們的期望是很重要的；換句話說，法院或社會服務機構會期待家庭有某些特定的行為或活動，以避免孩子搬離家中或與家庭重聚。行為的目標應要具體地列出，而非只有廣泛的目的。例如，「父母應和睦相處」的陳述是模糊的，若有明確的陳述將有助於更好的解釋，如「父母應停止攻擊並開始相互溝通，一個星期至少要做兩個與小孩有關及如何花錢的決定」；如此明確具體的陳述能大大地幫助治療師評估進步的程度，並能有目的地執行治療計畫。

一、保密與通報制度

　　當心理衛生專業人員治療面對疑似受虐或被認定受虐的兒

童時，會遭遇到嚴重的兩難議題，此源於治療師希望創造讓孩子感到安全與舒適的環境，如此才能讓孩子分享內在的感受、擔憂或害怕。當稱職的專家成功營造了這樣的氣氛，孩子也以口語或非口語的方式分享或暗示了被虐待的事實，治療師便有向主管機關通報的法律義務。如此明顯的信任破壞可能會讓孩子覺得被背叛了，並會退回到不舒服卻熟悉的位置上，即孩子又要決定何種訊息是可以或不可以被透露的。然而事實上，兒童虐待的法律發展了一套使脆弱的兒童能獲得必要保護的機制。

　　我發現在最初就告知孩子保密的有限性是必要的，治療師的法律義務有時取代了保密的義務，治療師可以用簡單的語言說出此事實：「我們在這裡所說的任何事都是很隱密的，我不會把你告訴我的事情告訴其他人，除非是一些令我擔心的事。如果我認為你傷害了你自己或其他人，或者有人傷害你，包括你的爸媽或兄弟姊妹，『傷害』包括了許多不同的事情，例如打或撫摸身體的私密部位，如果我知道這些事，我就必須告訴別人。」之後孩子應該被鼓勵發問以得到進一步的澄清，治療師的答案應局限在自身所知之事。另一種孩子覺得被背叛的情況是：治療師預測或承諾了一個特殊的結果，例如孩子將會或不會留在家中，或是保護服務機構或警察將會或不會來到學校。

　　不論採取多少步驟減少孩子說出受虐的影響，大部分的孩

子常會後悔說出任何事，尤其當施虐者是孩子所愛或所依賴的人，治療師應要敏感到孩子的處境，避免使用錯誤的再保證，例如「現在一切都會沒事的」。

二、法律體系

50 　　或許受虐兒童治療最令人沮喪的部分在於，某些法律過程的不可預期性與曠日費時。若孩子必須要作證，對專業人員而言，這個過程將是永無止盡的──對孩子而言就更不用說了。此過程常常會被打斷，即使當孩子被要求作證的時間已定，但緊湊的行程或其他的外在因素也可能會在孩子真正有機會出庭時，不斷地要求孩子下次再來出庭。

　　臨床治療師有時會因為「準備」讓孩子作證，而被辯護律師批評；若孩子聲稱證詞已在先前與治療師討論過，則證詞便會缺乏可信度。因此，我建議在治療期間不能討論孩子的證詞內容，不過，治療師可以協助讓孩子在上法院之前有所準備。Caruso（1986）發展了一幅描繪法庭、法官、等候室及孩子座位的圖畫，這些圖片可以讓孩子熟悉法院的環境氣氛；尤其特別的是，孩子可以對要坐在哪裡作證或與攻擊者的距離有具體的概念，對知道要與攻擊者面對面作證的孩子來說是有助益的，當孩子被要求看著攻擊者並指認時，會感到尷尬或困擾，此時便可以看著自己的律師或其他地方。

（一）法庭要求的評估

當法院要求有「獨立」的評估時，在完成之前，治療常常會因此暫時中止。兒童治療師與評估者要為讓孩子接受評估作準備，並清楚向孩子解釋方案的歷時長短。而在評估期間暫時中斷孩子的治療，可能可以極大化評估者取得孩子重要資訊的可能性，但在有些情況下，中斷治療應該是被禁止的。

（二）報告的寫法

與受虐兒童及家庭工作時，常常會遇到不斷被法院傳喚要求提供報告的情況。在實務上，我的報告會是簡要、具事實性但局限於兒童保護的議題下。我也會盡全力替案主保密，在能維持完全的合作關係下，打電話給我的律師試圖「阻擋」這些傳喚。

51

（三）作證

另一個常見的治療附屬品便是治療師必須宣誓或出庭作證，不論治療師有多麼習慣於此，過程總是紛擾人心且充滿壓力的。對以專家證人或作證身分出庭的治療師而言，法庭的最新資訊不可或缺地變得有用（Myers et al., 1989），我建議治療師應請一位精通家庭監護權議題的律師。

（四）倡導

最後，與受虐兒童工作可能會促使自身對社會服務與法律體系運作過程的關心，一些治療師發覺以書信將自己的關心向立法機關傳輸、致力參與於此議題的州組織，或成為地方兒童虐待委員會的成員，是值得的。

與受虐孩子及家庭工作是充滿挑戰、壓力與機會的，將會遭遇一些阻礙，因此，事前的計畫能預防許多與此有關的典型問題，例如不知道被期待什麼、陷入機構間的衝突、新進工作人員被指派此案而必須突然學習、感到無助與無效。治療師若能組成團隊，定期地與其他專業人員交流，詢問書寫的指導方針，並定期討論個案情形，將能讓工作更加成功。

第二節　受虐兒童治療之應用

兒童治療領域從未有一段時間比現在有更多的治療工具與道具供給治療師使用，這可能源於：對日益增加兒童問題的回應（如藥物濫用、少年偏差行為、兒童虐待、自殺、少年賣淫）、心理衛生專業人員有更多的覺醒、一般大眾的需求，及兒童問題治療的成效。現今的兒虐治療師處於令人羨慕的位置上，因為他們可以從繼續增加的文獻中獲益，這些文獻反映了

52

許多專業人員的首開先例與奉獻，這些累積的知識能幫助我們設計更敏感與有效的治療方案。

　　一些已建立的兒童治療方式可應用於受虐兒童的治療上，這些孩子以獨特的行為挑戰著心理衛生專業人員，這些行為操控著特定的回應，因此任何的處遇都不能是僵硬、沒有彈性或不可更改的。一般的遊戲治療或特殊的受虐兒童遊戲治療都能有所進展，愈來愈多的治療師受過訓練並深具經驗，研究發現也形塑了我們的理解與思考，有效的治療指引愈來愈唾手可得。事實上，目前的治療型態很少會有「規則」，我們必須要盡可能地擴充我們的知識與經驗。

第三節　*治療計畫*

　　如前所述，受虐兒童因各種透露基本議題的臨床症狀而被轉介至治療中，治療的基本目標在於提供孩子*改正*（corrective）與*修補*（reparative）的經驗。改正取向提供孩子安全與適當互動的經驗，增進孩子的安全、信任與幸福感；換言之，是企圖透過治療處遇向孩子展現人類互動的潛在有益本質。而修補的經驗則允許孩子能在有意識的了解與寬容下經歷創傷事件。遊戲的治療力量是不能被低估的，如同人類求生存的本能也不能被低估一般。若治療能提供一個滋養、安全的環境，則

53

孩子必然會為修補的經驗所吸引。即使是在不幸的情境下，如孩子留在施虐者家中或在短暫的寄養照顧後貿然返家，修補的經驗仍能被儲存並記住，並會在日後成為引發動機的因子。當然，修補經驗的影響力還需要許多外在因素的配合，如治療場域的持續性、父母或照顧者如何良好地合作，及社會服務機構與法庭在計畫兒童未來時的嚴謹程度。

當受虐兒童已有設計好的治療計畫時，現存的症狀不能被單獨考量。開始應要朝適當地降低孩子的症狀而努力，但是治療的力量必須要能持續至症狀緩和之後，因為太多孩子的治療被大鬆一口氣的父母或缺乏遠見的治療師給匆促地中斷。

如前所述，每一個孩子都是獨特的，且治療計畫會隨著兒童的需要、受傷程度、對治療不間斷的回應，以及可接近性而不同。在接下來的篇幅中，我將會討論不同的治療領域，及對每一個領域的特殊治療建議。

關係治療

由於虐待是具互動性且常發生在家庭架構中，因此孩子可藉由經歷與可信賴他人的安全、適當有報酬的互動機會中獲益。

孩子進入治療時是好奇、壓抑的，也常常是焦慮或害怕的。遭受身體虐待或性虐待、目睹家暴的孩子會有感到脆弱的傾向，他們學習到世界是不安全的，並建立防衛機制（如過度

失眠或極度順從）以面對挑戰。然而相反地，被疏忽的孩子卻可能對進入治療少有反抗，且會對新環境沒有興趣也不受影響，他們習慣不受到周遭注意，甚至缺乏最基本的刺激，雖然持續坐著，但期望卻很少。在這些案例中，治療師先不要過度刺激孩子，再逐漸引出更多的刺激是相當重要的，例如坐在孩子的身邊、面向別處、塗顏色或玩某物品，可能是一個好的開始，之後評論完成了什麼，引導孩子注意到玩具，最後再面向孩子，問孩子問題，並鼓勵孩子參與一個簡單的任務（如塗顏色）將會是有效的。

　　治療師常常要非常小心，要極為謹慎地打下安全感的基礎（我常常認為這一步能創造某種庇護：安靜、接納、穩定、一致與免於外在衝突）；其中一種方法是，創造一個穩定的結構讓孩子可以依賴某些一致的部分。

　　結構可以包括許多事，如會期的時間長短、地點、遊戲室中的玩具、「規則」、治療師的出現、治療後接續的程序，都可以建立強烈的結構。即使是治療師的自我介紹也應是謹慎設計過的，我發覺簡短扼要是與孩子溝通最好的方式，例如：

　　　我的名字是莉安娜，我的工作是與小朋友聊天、玩遊戲，有時候我會與小朋友談談他們的想法與感覺，而有些時候我會玩他們想要玩的。

　　而在規則方面，我則會說：

54

在這裡你可以做許多事，你可以玩所有你看到的東西，若想說話就可以說，你可以玩玩具或畫畫，選擇自己想要做什麼。有時候我可能會問你一些問題，你可以回答也可以不回答。

55 此處有一些規則，不能打玩具或把玩具弄壞，也不能傷害你自己或傷害我，所有的玩具都不能帶走，必須要留在這裡。

我們將會一起相處五十分鐘，我會設定好計時器，當鐘聲響起的時候就要結束，等到下次再來。

我們所聊的每一件事情都是保密的，我不會告訴別人你說了什麼，除非你傷害了你自己或傷害其他人，或者是其他人傷害了你，包括你爸媽或兄弟姊妹，如果發生這種事情，我就必須要告訴別人，這樣我們才能確定你是好好的。不過在讓別人知道之前，我會先告訴你這件事。

很顯然地，所有的規則無法在第一次會期中都宣布完畢，在第一次會期時，我通常會先自我介紹，並對可能會發生的事情給予一個大致的方向，之後再將規則分散在後續的治療中宣布。

治療師應聚焦於孩子的需求，並提供孩子有自我探索、適應及新（具功能性）行為的機會。非指導式、案主中心的方式在治療一開始是最有利的，孩子會覺得被尊重與接納，孩子可

以選擇要做什麼或要說什麼。治療師要（主動地）觀察並記錄孩子的行為、情感、遊戲主題、互動等，努力贏得孩子的信任，並能真誠回應、實踐承諾，且每週固定出席。

　　治療師必須要抗拒想過度滿足或過度刺激孩子的誘惑，同時也要減少讚美或過度地關注孩子。符合事實的陳述是最好的，如「你今天穿了一雙新鞋」，會比「你的新鞋好漂亮」來得有效，且詢問孩子對某事的看法會比告訴孩子他的感覺好，如「你有多喜歡你的鞋？」在溝通的傳遞上會比「我猜你一定很喜歡你的鞋」來得佳，因為這些孩子可能會發現自己很難去反對成人的意見。

　　同樣地，若必須要問問題（有時是必要的），則必須要避免只有是與非的回答，雖然轉換成開放性的問題很困難，但結果卻對孩子最有幫助。此外，我在嘗試錯誤的過程中學習到，評論比問問題有更多的相對價值，評論可以引發孩子的興趣，我最喜歡且最成功的評論為：「嗯，我猜這可能像……」或「我猜那裡可能有什麼其他的感受……」；給予一些懷疑暗示的自由，孩子可能會自由地提供他們自己的想法。

　　當孩子能接受治療的結構，也開始愈來愈願意自動前來時，或甚至期盼前來時，孩子可能察覺到了治療師的正向關懷，而這代表了挑戰的開始，因為受虐的孩子通常早就已經學習到親密同時也意味著威脅。

　　孩子從身體虐待、性虐待或情緒虐待中學到最具潛在傷害

56

的一課便是：「愛你的人也會傷害你。」而被疏忽的孩子則學習到：「愛你的人會拋棄你。」不論是何種情況，親密都意味著威脅，當孩子感覺放心或被撫慰時，不可避免地也會覺得身處危險中。當感受到危險時，受虐兒童可能會企圖在身體、情緒或外顯行為上有所反抗。當能夠理解孩子想逃離或想引起治療師施虐反應的需求時，便提供治療師維持平靜、持續回應的方向。Green（1983）曾假設，孩子企圖引起虐待的傾向，是為了滿足「得到用其他方法得不到的身體接觸與注意」（p. 92）的需求。

有一位令人難忘的六歲女孩在治療四個月後帶了一隻槳給我。「這是什麼？」我問，「這是一隻槳。」她說，並對我這個問題感到驚訝。「這是做什麼用的？」我繼續問她，「讓妳打我用的。」她回答；我困惑地看著她，並說：「為什麼我會想打妳呢？」她的回答非常簡單：「妳喜歡我，不是嗎？」這個答案如此簡單，卻也如此悲傷。她認為攻擊會跟隨在我對她的關懷之後，與其容忍等待被攻擊的預期焦慮，她決定採取主動，提供武器給我。接下來治療的四個月，不用說，絕對是一項對意志的試驗。她不斷地激怒我，而我則不斷簡潔地告訴她：「我不會打妳、吼妳或抓狂，我會讓妳看到我是用不同的方式在關心妳。」我也會說：「如果我現在打妳或是對著妳尖叫，妳可能會覺得好過一些，但是這種事是不會發生的。我知道妳期望大人會傷害妳，但我也知道妳將會學到我不會打妳或

傷害妳。」小女孩需要學習忍耐期望攻擊的焦慮感，當我注意
到她的緊張時，我會說：「妳很煩惱我現在會傷害妳……有一
些擔心是正常的，除非妳心裡知道妳是安全的。」或者我也會
說：「我知道妳很擔心，當妳有這種感覺的時候，妳可以告訴
我。有時候當妳煩惱一陣子之後，什麼事都沒有發生，煩惱就
會愈來愈少。」在治療結束時，她做了一個針織包給我，並給
了我一張卡片，上面寫著：「莉安娜，謝謝妳喜歡我，而且不
會打我，我是妳永遠的朋友。」

而對受疏忽或有需求的孩子來說，他們對依附的渴望會以
強烈、曖昧不明的方式呈現，這些孩子與人的連結不會因對象
而有所分別，並強烈地希望自己對治療師而言是特別的。他們
可能會問：「在所有你見過的小孩中，你最喜歡我嗎？」或是
「當我不在這裡的時候，你會想我嗎？」對他們而言，親密感
雖然不會被威脅的感覺所阻礙，但他們卻渴望這種捉摸不定的
感受，我對這些問題的回應方法是請他們去想像我的感受為
何，並提出以下的註解：對他們而言，被喜歡與被思念是如何
重要的事。如果孩子仍堅持，我便會說：「我是喜歡你的」、
「你是特別的」，或「在這一星期裡有時候我會想起你」；之
後並詢問孩子聽到這些話會有什麼感受。

藉由溫和地確立治療關係的本質，來對這些孩子設立限制
是很重要的。若不設立限制，反而會對孩子與家庭造成反效
果，如果治療師變得對孩子的需求過度回應，或開始出現不尋

常的行為（如買衣服或其他禮物給孩子），將會在無意中影響了虐待或疏忽孩子的父母。一位治療師曾向我尋求諮商，因為她七歲的案主向她表示：「我要妳做我媽媽，我和妳一樣不喜歡我媽媽。」孩子可能未經*任何*鼓勵而有此感受，不過我常常會遇到好意的治療師後悔自己在治療關係中，未能與孩子保持清楚的界線（他們還透露與孩子保持清楚的界線是比較困難的）。

「情感轉移」的心理動力概念已經應用在與受虐兒童的工作上，Scharff 與 Scharff（1987）回顧了 Freud 情感轉移的概念，解釋了 Freud 將情感轉移定義為：「將過去的心理經驗複製到現在的治療者身上：治療師只不過為病人性驅慾或性能量分布的呈現之處」（p. 203）。因此，情感轉移是指，孩子將對生命中主要人物的想法與感受轉移至治療者身上。受虐兒童傾向將經驗到的情緒如不信任、害怕、憤怒與渴望導向治療師，這些感覺源於與父母的關係，並轉移至讓孩子感覺較安全的人或較少要求照顧或忠誠的人身上。因此，治療師必須要克制表現出任何這個形式的行為，有些與受虐兒童工作的治療師會讓反轉移的議題支配了自己的行為。

先前曾略為提及，受虐兒童會變得對治療師不熟悉的（非施虐的）行為感到焦慮及被威脅，這些孩子會對非施虐行為感到無助或迷惑，並努力讓自己有更多的控制感及更少的焦慮，他們可能會因此變得挑釁、令人生氣的。

在我第一次與受虐兒童工作的實習期間，缺乏經驗的我由
於反轉移的需求，有強烈去滋養他人的慾望。但許多孩子確確
實實地攻擊我，敲我的小腿、捶我的手臂並打我。Green
（1983）曾提出，重複創傷的強迫衝動與對攻擊者的認同，可
以「讓無所不能感取代了害怕與無助感」（p. 9）。這種孩子的
攻擊行為會引起治療師受困擾的反應，當我第一次面臨到這種
我常常在課堂中分享的行為時，我對孩子們充滿了敵意。之後
我才認清這些生氣的感受，並不是我必須要換一個職業的徵
兆，而是另一個徵兆，表示孩子們用挑釁我這些他們所熟悉的
方法，來照顧自己的需求。我從受虐兒童與成人身上學習到最
重要的一課是，在他們被虐待後，他們所做的所有事情都是為
了讓自己有安全感，這樣的概念即使是在評估最困難或最令人
惱怒的行為時，都是有助益的。在治療的早期，我會簡單記錄
孩子們的反應，若必要時會設定界線，一旦建立起治療關係，
我會用我所觀察到的，向孩子描述其行為與根本議題間的連
結。

59

非侵入式的治療

*由於身體虐待與性虐待都是侵入性的行為，所以治療師的
處遇應為非侵入式的，要允許孩子有充分的身體與情緒空間。*

身體與性虐待為侵入式行為，侵犯了孩子的界線。當身體
被打或被侵犯時，孩子對父母的感受是「太過分了」。在這些

家庭中，虐待可能會伴隨著情緒的侵占或分離，以上兩者皆會
使虐待變得更複雜。受虐兒童會對想什麼、感受什麼及要做什
麼經驗到極端或不理性的方向。父母不是與孩子過於黏結就是
與孩子疏離，且不是限制孩子不可以有任何的隱私，就是完全
冷淡以對。施虐父母可能會偶爾想要照顧孩子的所有衛生保健
需求，而疏忽的父母則無法看管到孩子的衛生情形。此外，父
母的施虐與疏忽行為是會變動的，尤其在涉及到毒癮或酗酒
時。

　　由於這些界線問題的存在，所以治療師的早期處遇應是非
侵入式的，才可以允許孩子設立界線。讓孩子可以自由地走動
並選擇所愛的活動，當孩子玩遊戲時，治療師可以坐在旁邊，
但不必亦步亦趨地跟著孩子；相反地，應允許孩子在想溝通時
能自動地溝通，要避免問答的形式，治療師便可立即地獲得有
價值的資訊。例如，有些孩子會丟東西、打破東西、隨意進出
房間、重新設定計時器，及明顯地試探所有的規則；有些孩子
則相反：他們會靜靜地坐在角落，避免任何的互動，對治療師
退縮，創造出與世隔絕的需求，既無反應又壓抑。有時候這些
初始行為會逐漸變少；有時候他們會繼續徘徊，超過預期的時
間長度。所有孩子的行為都會透露出訊息，而且是有目的性
的。無論孩子做了什麼或沒做什麼，都可以提供孩子內在世界
的細節，若孩子一直堅持非口語的狀態，或對口語陳述表現出
壓力，則治療師可採用「對牆壁說話」（talking to the wall）的

60

技術，即治療師大聲地自言自語，但並不特定針對孩子而說。如此可以讓抗拒的孩子在聽到後可能會有所回應。當治療繼續進行時，變得較具指導性可能是必要的，特別是當孩子不斷逃避或太謹慎時——尤其是針對虐待事件。

一些治療師會問當孩子在治療中逃避虐待的主題時該怎麼辦，通常當我詢問到案例的細節時，我發現治療師太依賴某些口語訊息的確認。有一位治療師能描述孩子複雜的創傷後遊戲，但卻會因孩子絕不在言語中提及虐待而感到挫折。

兒童治療中可能犯的其中一個錯誤就是，被動地觀察兒童甚過主動的方式。積極的觀察需要治療師參與兒童的遊戲，此不一定是身體的參與，但情緒的參與卻是必要的。治療師要維持興趣並涉入其中，用內心記錄遊戲的先後順序、主題、衝突與解決、孩子的情感及言詞上的評論。

治療師也必須兒制不慎地鼓勵或允許過於「隨機」的遊戲，或是玩不具象徵性的遊戲。最近（我希望只是短暫存在）治療師的潮流是在辦公室裡裝電腦遊戲：孩子變得被這些遊戲所吸引，但是這些對治療是沒有用的。因為治療師運用遊戲的方式似乎與父母相同：是為了娛樂或使孩子放鬆。此外，另一種較不明顯但是一樣沒有價值的方式是，在治療室放了流行的玩具，如電視變頻器、電子汽車，這些玩具將會引發孩子特定的遊戲方式，無法讓他們以象徵性的方式重現內在所在意的事務。

61

如果孩子能好好運用治療，他們的遊戲對治療師而言，只在偶爾的時候會是重要的；但對孩子而言，多半能使孩子更加滋養。

持續的評估

也許在其他的治療中不需要這樣持續的評估，孩子可能會在治療中展現出自己，當他們開始產生信任感時，便會分享情緒與感受；他們也處於持續有發展性改變的狀態，並會伴隨人格的變化。

不同於成人案主，孩子的人格會在治療期間逐漸成熟，常常是位於「快速與不斷的發展及環境改變中」（Diamond, 1988, p. 43）。如Chethik（1989）所闡述，「孩子的人格處於變革與變遷的狀態」，有著不成熟的自我、脆弱的防衛機制、易受刺激的焦慮，並常常有神奇與無所不能之感（p. 5）。孩子的自我是不斷擴充的，其意識與自我意識也逐漸發展，暫時性地建立認同感，並發展防衛機制與因應技巧的功能。依據治療的時間長短，當孩子能處理適當的發展任務時，孩子的轉變可以是無限的。孩子深受同儕的影響，其行為會在同儕或老師的影響下徹底改變。因此，有時必須改變治療策略以滿足這些差異：孩子突然的反抗與挑戰可能需要的是堅定的設限；而開始質疑自身能力的孩子可能需要聚焦於簡單的任務，藉以獲得成功的經驗；突然變得外向與好奇的孩子，則可能因為具資訊性及指導

性的治療師受益。

　　然而，任何治療策略的改變都必須經過審慎思考，且是*有* 62
目的性的，我常常會告訴從事兒童治療的學生，治療師應能解
釋為什麼要如此做或如此說的原因，及為什麼會在某個特殊的
時刻如此做或說。在面對想法、行動、行為上較少有限制、且
行動衝動的孩子時尤為困難，因為治療師沒有太多的時間去回
應，必須要有會說「我不知道」、「讓我想一下」或「我對此
事有兩種想法，給我一點時間」的能力。

　　有效的評估應包括清楚與可測量的治療計畫，此需立基於
積極的觀察。擁有清楚具體的*行為目標*（behavioral objectives）
可以讓治療師用以測量進步的程度。就如同我先前所提，與孩
子工作最常犯的錯誤就是不幸地傾向於忽略孩子的遊戲。但一
些治療師似乎會放鬆警覺，被動地參與孩子的遊戲，也許是因
為孩子會自己被遊戲吸引，許多孩子在遊戲時只會要求零星的
互動。Greenspan（1981）主張，在各種不同的層次上都要有積
極的觀察，包括孩子身體的統合、情緒狀態、如何與治療師建
立關係、孩子特殊的情感與焦慮、運用環境的方式、孩子遊戲
的主題發展（主題發展的深度、豐富性、組織與連續性），以
及治療師對孩子的主觀感受。（p. 15）如 Cooper 與 Wanerman
（1977）所建議：「讓你自己能不斷陶醉於對人類細微行為的
尊重與驚奇之中。」（p. 107）記錄這些資訊層次的治療師必須
要以觀察者—參與者涉入治療中，因為除非治療師採取此種角

色,否則他/她將是抽離的,且無法發揮治療最完全的潛能。
如果治療師發現孩子不再以遊戲作為治療的方式,或是以停滯
或隨意、無組織的方式進行遊戲時,就必須要介入。然而,如
果治療師開始認為孩子的行為是明白易懂的,此時治療值得重
新思考;Cooper 與 Wanerman(1977)提出警告:「當你感覺
到你開始了解孩子遊戲行為的意義時,就要放慢腳步」(p.
107)。

63

致力於催化

由於受虐、受疏忽,或情緒受虐的孩子常常處於缺乏或過
度刺激的情況下,他們缺乏探索、實驗,甚至玩的能力,治療
師必須催化他們這種與生俱來但現在卻被限制或缺乏組織的傾
向。

被身體或性虐待的孩子可能是焦慮、過度警戒、解離、憂
鬱與發展遲緩的,他們也可能會有社會性的不成熟,依賴環境
給予如何表現的暗示,並可能處於缺乏情緒或情緒混亂與不一
致的環境中。無論是何種狀況,都可能妨礙他們天生會玩遊戲
的傾向,導致焦慮、缺乏組織或混亂的遊戲表現。

治療師在與孩子會面之前應先詢問孩子平日的遊戲模式。
父母、寄養父母、日間照顧者或教師都能提供有關注意力集中
時間的長短、遊戲表現與其他相關議題的資訊,這些知識隨後
便可應用於對遊戲室或遊戲素材的選擇。混亂、解組的孩子會

需要更有限制的空間與較少的玩具選擇，此限制可包括提供一個大而開放的空間，並放置事先選擇過的玩具，或是一間較小的房間，但玩具的數量是有所限制的。會造成孩子出現缺乏組織或瘋狂遊戲的最壞組合是，一間大房間並有許多的玩具與活動可供選擇。

　　缺乏刺激的孩子可能無論在哪一種場合下，都表現出相同的行為。面對這種孩子，不論在對玩具的選擇，和鼓勵孩子的興趣及遊戲方面，治療師都必須要更具指導性。治療師一開始要試著以示範遊戲的行為來鼓勵孩子，接著默許孩子的參與；如果孩子一直躲避參與遊戲，則治療師可以慢慢地、更加直接地鼓勵孩子。遊戲的主要功能之一便是「改變孩子在焦慮時引起的原始、難以控制的情感，並提供表達這些情感的自然機制」（Chethik, 1989, p. 14）。當孩子持續缺乏對遊戲的參與感時，便透露了不同類型的問題，這時醫療與神經性的測驗便為必要。

　　在遊戲治療中，玩具的選擇是相當重要的，Axline（1969）建議了所需的素材表，包括下列物品：

　　奶瓶，娃娃家庭，有家具的娃娃屋，玩具士兵，軍隊，玩具動物，玩具房屋（包括桌椅、吊床、娃娃、床、火爐、錫盤、碟子、湯匙、娃娃衣服、曬衣繩、衣夾與洗衣籃），可以換尿布的娃娃，大的布娃娃，玩偶，玩偶簾幕，蠟筆，黏土，指畫，沙，水，玩具槍，釘槌座，木槌，紙娃娃，小車子，飛

64

機，桌子，畫架，表面有亮漆的桌子用來指畫與做黏土，玩具電話，櫃子，水槽，小掃帚，拖把，抹布，畫紙，指畫紙，舊報紙，不貴的剪紙，畫有人、房屋、動物及其他物品的畫，空籃子以供投擲。（p. 54）

很明顯地，不是每一樣物品都同樣有效，娃娃屋、家人娃娃、奶瓶、玩偶與藝術素材是最低限度的必需品。

在與受虐兒童工作時，我發現以下幾種玩具或技巧在鼓勵孩子口語或遊戲溝通上總是能成功的：

- 電話
- 太陽眼鏡
- 感覺卡（如有表情的臉）
- 治療性故事
- 互相說故事的技巧
- 玩偶
- 沙盤
- 奶瓶及碗盤和廁所
- 錄影帶治療

電話對孩子而言意味著親密的口語溝通，我通常會背對孩子，模仿在電話中保密的聲調，透過示範後，孩子通常會轉過去，並開啟更隱私的談話。

太陽眼鏡是很神奇的，孩子會相信一旦他們戴上太陽眼鏡後會是隱形的，並能給予孩子一種舒服的匿名感，能不受約束

地與人溝通，尤其是當他們曾感受到尷尬或受壓抑。

　　治療性故事在兒童治療中通常是運用一種說服的方式，因為孩子在尋求認同的想像力與能力上是非常有力量的，他們可以輕易地進入一個故事，與英雄、衝突及解決方法產生潛意識的連結；故事已被用於教導孩子一些基本的概念，並透過熟悉的媒介鼓勵孩子的興趣。

　　最近有一本非常好的書提供了許多特定的治療性故事給受虐兒童（Davis, 1990），作者在 Ericksonian 催眠訓練中，發現在治療中運用隱喻可以直接和孩子的潛意識接軌，並造成持續的改變。她的故事中特別設計了一系列與孩子問題相關的主題，能使人頓悟，並非常有效，特別是針對潛伏期與青少年前期的孩子而言（在某些例子中，較小的孩子也適用）。

　　Gardner（1971）的相互說故事技巧也能有好的結果，但這種技巧需要孩子自己能創造故事，有些受虐孩子在創造力上有所局限，並會對自己的表現感到焦慮，所以此技巧在治療後期使用會比較成功。

　　玩偶遊戲有幾種好處，孩子可以用匿名的方式創造故事，也可說是運用特定的角色表現出隱藏的衝突與在意的事物；我發現若能準備床單讓孩子坐在後面，使其可以隱藏地完成遊戲時會特別有用。

　　沙遊是很具喚起性的，孩子都有喜歡沙子的傾向（或許是因為能聯想到沙灘），並樂在形塑或讓沙子流瀉過手指的觸覺

66

經驗。在我的印象中，有些孩子會藉由沙盤遊戲感到受滋潤與撫慰，在遊戲中感到平靜；而其他孩子則能立刻創造出複雜精細的情節及豐富的象徵。這種遊戲其本身就具有治療性，並提供孩子充分修補經驗的機會。

在治療中運用錄影帶也是非常有價值的，受虐兒童可能會壓抑自己的擔憂、害怕或自我懷疑，他們的自我形象通常是受到傷害的，並缺乏領悟或自信來自由地認識或表達自己。因此，觀看並討論如自尊、情緒虐待、秘密、毒癮或情緒因應等主題的錄影帶，對孩子會有極大的助益。其原因有二：第一，讓孩子在思考個人議題時能保持距離感，否則孩子將會逃避；第二，這些議題出現在孩子的生活環境與說故事中，具有引發孩子興趣的潛力。我相信要使孩子能自我同理，首先要讓孩子能同理他人，當孩子看錄影帶中的角色時，可以選擇是否認同主角，同理其困境，治療師會在看完之後與孩子討論錄影帶中所呈現的訊息。我曾深受 J. Gary Mitchell（MTI Productions, 1989）所創造的一系列影片所感動，其中的主角叫做「超級狗狗」（Super Puppy），其透過如先前所提的不同重要議題指引了孩子。

已建立遊戲模式的孩子會發現，在一致的基礎上取得玩具是很必要的。玩具必須要被保管好並持續地維持，且不管在任何情況下，玩具都不能離開遊戲室。此外，治療師必須在孩子玩玩具時傳達自在的感覺（我曾經遇過治療師買了很貴或不能

替換的古董放在遊戲室，創造了一個博物館）。

致力於孩子的表達

　　由於受虐兒常常被強迫或威脅保守虐待的秘密，或感覺到受虐不應被揭露，因此治療師應努力邀請並促進孩子的自我表達。

　　要進行各種可能刺激表達的方法，如藝術、說故事、玩娃娃都是很有用的嘗試，但當孩子似乎不願意明顯地表達情感時，便可能需要大量的努力。

67

　　我發現有一種很有效的方式是製造需求，並讓秘密表面化。我會在一個紙袋上寫「秘密」，我們三不五時從紙袋中抽出一個寫有秘密的摺紙。孩子可能會選擇換另一個秘密大聲地念出來；孩子會視此為遊戲，較不會抗拒揭露害怕或不舒服的秘密。

　　有時候我會畫漫畫人物，例如在一個小朋友與大人的頭上放一朵空白的雲，如同漫畫家一般，接著讓孩子填上有什麼話將會被說出來。

　　Caruso 的投射故事卡（Projective Story-Telling Cards, 1986）也很有效，因為其對生活在失功能家庭的孩子而言，可以描繪出許多熟悉的情境，裡頭的主角能明顯地表達出衝突、危險、害怕或不舒服。孩子能獲得經由畫中人物投射出自身擔憂或在意事物的機會，治療師能因此學到孩子所在意的事物，並在孩

子的投射變得清楚時，對孩子有所回應。

能鼓勵孩子揭露內在想法與感受的技巧並沒有絕對的規則，治療師必須盡可能的有創意，運用任何孩子所表現出來的興趣領域。或許沒有其他的治療師能像James（1989）一樣貢獻了許多的創意點子，但可得的技術愈多愈好，因為受虐兒童可能會因為不同的外在與內在理由抗拒自我揭露。

在我的印象中，許多孩子在表達生氣情緒上有困難，他們會害怕這種情緒，或許是因為他們過去的經歷；因此他們需要視生氣為正常的情緒，能以建設性及安全性的方式表達，而非不正確與危險的方式。

大部分的受虐兒童會有怨恨與憤怒的感受，然而，他們常常會壓抑這些感受，以獲得安全感。允許孩子表達憤怒會引發出各種不同的試驗性行為，其中有一些是比其他來得安全；而示範如何安全地表達憤怒，並設定必要的限制是有效的。

若孩子只表現出某一特定情緒，治療師就必須開始尋訪這個特定的情緒範圍，例如藉由說：「你很能表達你生氣的感覺，那當你感覺傷心的時候，你會做什麼？」有時候，感覺可以透過身體來呈現，孩子可能會有身體緊張、咬嘴唇，甚至在治療討論到某一特定的議題時，抓自己的身體，孩子的姿勢可以幫助治療師決定孩子所在意的哪一種事物需要被關注。

虐待會影響孩子的身體，在身體虐待中，孩子會承受極大的痛苦，身體會發展出生理的反應，包括肌肉的緊張與焦慮的

呈現，例如畏懼。受虐兒身處在不穩定的暴力下，他們會藉著保持身體不動及表達其他身體壓力的信號，如微弱的呼吸、增加的心跳頻率、臉紅，來真正準備好身體以接受攻擊。而在性虐待的案例中，受虐待孩子的身體通常已被侵入，因此會創造出一種易受傷害感，孩子會對身體感到不安全，這些受性虐待的孩子無法擁有對身體的控制感。

最後，一些受情緒虐待與疏忽的兒童無法接受正常的身體注意或情感，因為身體滋養為孩子重要的支持已被清楚證實，但這些受疏忽的孩子卻會因害怕觸碰或希望被觸碰而感到困惑或無力抵擋。

由於受虐兒的天生身體議題，因此，幫助父母或照顧者去鼓勵孩子的身體活動是很必要的。孩子需要參與最基本的移動、走路、爬與跑，此能開始給予孩子成就感及驕傲感，並了解自身身體的限制；而將期望降到最低，直到孩子開始茁壯成長，再允許孩子以獨自的步調進行試驗，也是相當重要的。

當孩子表現出愈來愈多的身體自在、較少的緊張，及傾向更多的體育活動時，讓孩子參加學校、公園與娛樂場所的運動團隊將是很有助益的，參與團體活動能讓孩子產生幸福感與歸屬感。

69

此外，受虐的孩子可能會發現自我防身是富教育性及值得的，學習到自我防身原則的受虐兒童會感到被增權，也比較不會被環境威脅。大部分的自我防身課程並不是教導暴力，而是

教導自我保護與尊重他人；學習自我防身需要大量的自我動機
與自我約束，而許多我遇到的孩子對這些教導都能有良好的回
應。

雖然在活動的偏好上有些性別差異（男孩喜歡自我防身，
女孩喜歡跳舞或活動），但若活動是常態化的，孩子便能被刺
激去發展其他的興趣。例如，有一個男孩在上舞蹈課的一個團
體中，遇見喜歡此項活動的兩名男孩後，便也發展了對舞蹈課
的興趣。

致力於指導性

受虐或受創傷的孩子可能也有嘗試壓抑害怕、痛苦回憶或
想法的傾向，一些個案可能會徹底地運用否定與逃避的機制。

壓抑為必要的防衛，此能讓個人將無法忍受的題材儲存在
潛意識中，如此平日的功能才能不再受到干擾。

最終，受虐兒會因為可以潛抑或用意識抑制與創傷有關的
特殊衝動、想法或情感而受益，但是創傷的回憶最好是在被處
理或被了解後才被潛抑，如此個人較不會經歷到分裂與解離，
否則被壓抑或儲存在潛意識的回憶會透過創傷後的症狀洩露至
意識中。

孩子最初與最自然的傾向是會用否定或潛抑的防衛，家庭
常常會嘗試將不愉快或痛苦的回憶拋在腦後，只有小心翼翼地
避免會引起回憶的個人或情境，家庭才能在創傷過後很快地重

70

組。

　　治療師透過引導孩子以完整、具時限的方式回顧創傷事件，讓此事件被了解、感受、處理並同化，來幫助想逃避創傷過程的孩子。不論這個過程被延遲了多久，最後（對大多數人而言）潛意識都會透過創傷後壓力症候群將事件帶回意識中，包括倒敘、惡夢、幻聽或行為重演。

　　在文獻中有愈來愈多的證據顯示，許多成人倖存者的大半生有著受虐失憶症，指出了防衛機制有非常大的力量與有效性。我相信，若我們能刺激孩子去處理創傷，便能給予受虐與受創傷兒童真正的助益，這並不意味當這些孩子在認知及情緒上變得更成熟時，不需要不同層次的解釋與再保證，此基礎是為了未來的探索而設定的。

隱私

　　由於在家發生的虐待、性虐待及疏忽為家內的事，所以孩子會感到要忠誠，想保護父母，因此預期孩子是沉默的，建構機會讓孩子能以自己的步調洩漏出資訊是相當重要的。

　　有些受虐兒童會被家人或照顧者威脅只能與家庭成員互動，他們被告知自己或所愛的人會受到傷害，有些與我工作過的孩子透露，當他們告訴其他人有關家庭情境的秘密時會發生什麼事。一個孩子目睹了所飼養的狗被殺，父親將狗狗丟向牆邊，並殘忍地用磚塊將狗狗的頭壓碎，這個插曲加速了媽媽帶

71　孩子逃走；但由於孩子先前所處環境的匱乏，使得孩子與寵物發展了強烈的連結，因而此事件讓孩子深深地痛苦了好多年。

　　即使孩子未受到明顯的威脅，但許多孩子仍會嗅到關於家庭暴力或性虐待的秘密，他們可能感受不到自己有能力談論與虐待相關的感受。

　　隱私對孩子來說是很重要的，但是秘密卻不然。建立隱私感可以增權孩子，但保守秘密卻會引起無助感。當孩子被要求保密時（透過內在或外在的壓力），他們會感到負擔，且此秘密對他們而言是重要的，會使孩子與其他人疏離，並限制了他們本來擁有的一些自在的互動。

　　可以運用一些技巧去澄清隱私與秘密之間的差異，有時受虐兒童是站在是否揭露令他們困擾的想法或感受的十字路口上，我可能會問拒絕繼續說的孩子：「如果你再多說一些會發生什麼事？」如果孩子回答：「我不知道。」我會藉由讓孩子「猜」將會發生什麼事來探索可能的替代方式。更常發生的是，因為孩子有特殊的理由不說，他們可能會回答：「爹地會對我生氣。」或是「媽咪說如果我說出來，將會有不好的事情發生。」我通常會說：「當我們害怕的時候，要說出某些事情真的是很困難，要做什麼事才會讓你覺得說出你的感覺是安全的？」

　　有些孩子會喜歡告訴遊戲室中的填充動物，我會請他們選擇一個可以讓他們說話的動物，孩子可以悄悄地與動物說話。

當孩子一旦這樣做，我會問孩子釋放出這些感覺是什麼感受，大部分孩子會覺得說出來感覺很好，但有時候他們似乎覺得沒有差別。我也會請孩子想像動物會對他們的秘密說什麼。

　　偶爾我會帶一台錄音機，並讓孩子獨自留在遊戲室錄下其想說卻又不能說的事情，孩子通常會問我是否會聽這卷錄音帶，我則會回答這卷帶子是屬於他們的，當他們願意的時候就能讓我聽。每次當我這麼做的時候，孩子通常會立刻希望讓我聽這卷帶子，於是之後我便有了註釋此秘密的機會，我可能會說：「只有你和這些秘密在一起一定相當困難。」或是「你只能自己保守這個秘密一定相當困難。」之類的話，我通常會問孩子誰能讓他們說出秘密卻感到安全的，並持續討論只有自己保守秘密的困難。

　　很顯然地，如果孩子的秘密與身體虐待或性虐待有關，通報規定就可能會出現。不過，許多秘密包含了讓孩子沉重的情境，但卻不必然是危險的。

創傷後的遊戲

　　因為創傷後遊戲常常秘密地發生，因此治療環境必須要創造一種能讓這種遊戲產生的氣氛，一旦此種遊戲開始，便必須非常小心地監控並尋找替代方案，並在一些關鍵點以適當的處遇介入。

　　受創傷的孩子常常會被迫重演創傷事件以作為控制的努

力。此概念最早為S. Freud所提出，稱為「強迫性重複」（repetition compulsion），如Terr（1990）所證實，重演會採取的行為表現方式一如戲劇的劇本，重演通常是孩子所不能了解的潛意識強迫性的結果。有些孩子聲稱無論他們多麼努力地嘗試，他們仍然不能停止繼續想起創傷，且常常覺得創傷還會「再發生」；而其他孩子則指出，他不再記得與創傷事件有關的任何事情，倔強地否定了所有與事件有關的情感。處理創傷可以有許多不同的方式，一些孩子較能討論他們的感受與關心的事物，並會問與虐待有關的非敵意問題。

由於遊戲提供了一個溝通的媒介，一些治療性的遊戲提供了發現孩子在意議題與釋放已關閉情感的機制。有些孩子能簡單地達到了他們需要做的任務，以讓自己感覺更好些；他們所需要的只不過是允許與支持。當這些過程發生時，治療師便可*73* 以觀察、記錄，最後註解所發生的事，並對孩子的問題及在意事物有所回答。

對其他的孩子而言（也許是那些被創傷事件傷得較重的孩子），在可以面對令人害怕與無法控制的感受之前，治療師的指導與刺激是很需要的。在這些案例中，形成穩固的治療關係優先於任何協助孩子傳達不被容忍情緒的刺探。工作的目標是允許孩子最後能處理創傷事件，給其適當與實際的意義，並儲存成可被接納的回憶。強迫孩子進入無止盡與創傷有關的工作是不必要的，尤其當孩子不是否認或逃避，而是改變了目前心

靈能量的方向，導入了發展上的任務。

　　受創傷孩子所重現的遊戲是相當獨特的，孩子會儀式性地
建立相同的景象，並以會造成相同結果的連續動作來行動，這
種創傷後遊戲是非常刻板的，且缺乏明顯的享受或表達的自
由。這種遊戲的潛在好處是孩子可以經歷令他害怕或引起焦慮
的回憶，孩子將會化被動為主動，控制重演的情況；此外，先
前令其無法控制的事件將會在孩子處於被控制、安全的環境下
發生，孩子能因此獲得掌控感，並從此種遊戲治療中被增權。
如Chethik（1989）所指出的一個治療實例，「重複的遊戲、遊
戲者─觀察者的註解，以及自身新的解決方式，能幫助自己同
化過去無法令人感受的經驗」（p. 61）。

　　然而，創傷後遊戲也可能是持續停滯的，Terr（1990）曾
警告如果讓一個孩子持續長時間的創傷遊戲是危險的，孩子可
能無法釋放焦慮，且可能會增強恐懼與無助感。因此，當觀察
到創傷後遊戲維持一段期間的停滯時（八次至十次），我會企
圖以下列的方式介入此儀式性的遊戲：

- 請孩子移動身體，如站起來、動動手臂或深呼吸，身體　*74*
  的移動可以解放情緒的限制。
- 口語陳述孩子的創傷遊戲，暫緩遊戲的自我吸收與僵
  化。
- 藉要求孩子扮演特殊的角色以打斷遊戲的連續性，描述
  扮演者之一的知覺與感受。

- 操作玩偶，讓其四處移動，並要求孩子回答：「如果……則會發生什麼事。」
- 鼓勵孩子區分創傷事件和現在是安全的事實，及已經學習到的事情。
- 錄下創傷後遊戲，與孩子一起觀看，並按下停止鍵以討論觀察到什麼。

打斷孩子創傷後遊戲的目的是，創造讓孩子擁有控制感的替代方式，幫助孩子表達不完整或是零星的想法與感受，讓孩子能朝未來前進；在孩子允許會造成創傷後遊戲改變的處遇之前，可能需要大量的打斷。

若孩子的創傷後遊戲是在家中發生的，且被父母或照顧者所注意到，則可有兩種可能的方式：治療師可以進行家訪，要求直接觀察孩子的遊戲；或者，治療師在治療期間創造出創傷後的場景（如父母或照顧者所敘述），執行對解離的治療策略（稍後會加以討論）也是相當必要的。

當孩子的遊戲是隨機、無組織及無象徵意義時，便可能需要更多的刺激，如果孩子一直無法自然地傳達根本的議題時，治療師便要採取引導的姿態，必須要介紹治療中的刺激物。有一些技巧是有用的，如治療師可藉由玩偶說故事，讓主角經歷相同的創傷經驗，如此能引起孩子的回應，孩子可能會同理玩偶的困境，而同理他人是自我探索與自我同理的第一步。

嘗試用去敏感化的方式也是有用的，我曾治療一位在公園

被強暴的孩子，她無法用口語或非口語的方式表達關於創傷的事；她的沉默源自於害怕，因為她本來應該要直接回家卻去了公園而被強暴。強暴她的男孩們告訴她，是她「想要」被強暴的，使得這女孩非常困惑，因為她確實是希望被這些男孩注意的，並在學校無意中聽到他們談論著目的地之後，便去了公園，希望能被男孩注意到。我請女孩在一本畫有公園的著色簿上塗一頁的顏色；我在沙盤上創造了一個娃娃在公園裡玩鞦韆的場景。我也駕車經過了一些公園，並請女孩告訴我哪一個公園是她被強暴的地方。最初，我們先開車經過此公園，坐在公園外的車內，接著繞著公園外步行，最後走進了公園。當我們在公園內，我開始陳述這些男孩強暴她與傷害她是非常錯誤的時候，她幾乎立刻哭了出來，並重複說：「我很壞，我很壞。」在這次的會期及之後的第六、第七次會期都聚焦於強暴及孩子的罪惡與羞愧感；最後，她終於了解她沒有做錯任何事，希望被男孩子注意是非常自然的，孩子也從與另一位強暴受害者的兒童談話中獲得助益。

　　如 Terr 所言，若只允許孩子重演卻沒有任何明顯的解決會是「危險的」；此外，不斷重複創傷卻沒有加以解決，會增強孩子的無助感及缺乏控制感。治療師必須採取積極的角色，幫助孩子進入與處理遊戲，並扮演主動註解、重新安排，或依孩子呈現事件的順序打斷介入的角色，單單只有再次經歷創傷是不夠的。遊戲中產生的想法與情感必須要被承認並加以討論。

76　除此之外，當遊戲結束時，孩子需要有結構地從遊戲中「心靈洗滌」（debriefing），治療師必須要花點時間幫助孩子重新建立更自在的情緒層次，使用引導想像與簡易放鬆的技巧可獲得正面的結果。治療師也要告知父母或照顧者留意治療進行中所遇到的困難，請他們計畫應如何對孩子有適當的反應，這是非常重要的，因為在創傷後遊戲的期間內，孩子可能會變得過度警戒、焦慮、經歷睡眠與飲食的失序。

　　治療的總體目標必須被放在最前線，如 Scurfield（1985）形容其與不同創傷的成人倖存者的治療時，建議在壓力恢復過程中的最終步驟，便是要整合所有的創傷經驗，不論是正面或負面的經驗，包括倖存者如何形容創傷前、中、後的自己。Sours（1980）在描述兒童治療師時，認為「兒童治療師一般來說，不論是支持性或表達性的心理治療師，皆傾向依賴宣洩、澄清、操控與對新事物的修正性情緒經驗」（p. 273）。

解離的治療

　　創傷受害者可能會經歷解離的情況，治療師必須對此予以評估，並設計與解離過程對話的方法。

　　DSM-III-R 將解離定義為「認同、回憶或意識的正常整合功能遭到干擾或改變」（p. 269）。解離發生於一連續值，每個人都會經歷解離的事件，例如在公路上的催眠狀態、厭倦、疲累或害怕，都可能會引起解離；當人進入了昏睡階段，便可能

持續一小段或大段的時間。有時處於恐慌的情境時，例如地震，個人也可能會產生短暫的解離情況，以致之後無法清楚地記得發生了什麼事，或他們怎麼樣從一個地方逃離到另一個地方。

　　在解離連續值中最極端的結果為多重人格失序（multiple personality disorder），其他較少發生的形式包括個人感消失（depersonalization）、心理性失憶（psychogenic amnesia）、神遊狀態（fugue states）。個人感消失在受虐者中非常常見，孩子常會描述「脫離了身體」（out of body）的經驗，在此經驗中，他們會覺得自己好像漂浮在天花板上，從一個有利位置（當情感分離時）往下看著自己，解離的能力允許孩子在心理上逃離危險或受威脅的情境；同時，孩子會對自我的認同感到困惑，難以記得已發生的事。而心理性失憶症事實上為回憶的干擾，許多孩子與成人倖存者無法記得特定的事件或生命時期。神遊狀態則發生於個人遭遇心理困境時，無法意識到自己是如何從一處到另一處。

　　解離與創傷有關，特別當創傷情境仍持續進行時。當創傷歷時愈長、愈嚴重時，則大規模解離的可能性愈大。Lindemann（1944）指出，只要威脅持續存在，「用牆隔開」（walling off）創傷事件的意識或回憶就是有價值的防衛。不過，如我先前所提及，與創傷倖存者工作的治療師相信，創傷最後必定都會進入意識面、觀點，否則會被壓抑至回憶中，並以闖入的想

77

法、惡夢、再現或情緒問題的形式出現。

　　依我的經驗，許多治療師會觀察兒童的解離，但是卻不確定要如何處理，經過多年的經驗，我發展了以下幾種與解離對話的特殊技術：

一、發展出一種語言

　　要與解離對話的第一步，便是要發展與其溝通的方法，我會詢問孩子關於解離的事，藉由以下的問句：「每個人都會有在做某一件事情時，突然發現自己似乎遠離了自己的心智，就像當你長途開車時，你覺得很煩，並開始想不同的事情，突然間你開到了你曾經去過的地方，讓你覺得非常驚訝，這種事有發生在你身上嗎？」孩子通常會對此描述有正面的回應，之後我會請孩子為此過程取名字，孩子對解離有許多不同的命名，包括「做白日夢」（spacing out）、「變小」（getting little）、「跑到裡面」（going inside）、「消失」（fazing out）等等，一旦解離被命名，就可以被討論。

二、評估運用的模式

　　下一步便是詢問孩子何時會發生解離，我請孩子告訴我最後一次發生的時間，或是我們認為最常發生的時間，當孩子的注意力集中在解離時，孩子便能注意到何時會使用此種防衛機制。

治療師與孩子可以一同回顧解離經驗間的相似性，例如在一個案例中，孩子似乎在獨處及提及父親時較容易出現解離。

三、協助決定解離的先後順序

每一個運用解離為因應策略的人，都會有自身獨特的解離反應，我發現請孩子「假裝解離」是有用的，請其特別注意身體、情緒、感官與想法的變化。不論孩子是在治療室或是在家假裝解離，我都會要求孩子注意：身體發生什麼變化、經歷何種感受或感官、擁有什麼感覺，及內心可能說了什麼。

治療師要向孩子指出先後順序，可以在紙上寫下資訊，讓孩子有視覺上的呈現，當治療師協助孩子指出何時可能想選擇對解離的替代反應時，此素材會變得特別有用。先後順序的運用已被發展在對孩子的協助上，治療師可鼓勵孩子假裝解離，並在不同的點上請孩子停止解離過程。

四、解釋其為一種適當的形式

我通常會形容有時解離為一種有用的防衛，「有時當我們在害怕的情境，或當我們很難去感覺我們的感受時，我們會暫時『不能分辨東西南北』，能這樣做是很好的。」同時，我也傳達其他的訊息：孩子可以有其他的因應方式，當孩子可以選擇何時解離，及何時可以選擇其他的策略時，孩子會有更多的控制感。

79 **五、對引起物的了解**

　　當與孩子討論起解離為有用的防衛時，治療師可以記錄會引起這種漂浮反應的議題。對有些孩子而言，會以單一的議題呈現，例如性興奮、身體痛苦、生氣或是渴望；而對其他脆弱的孩子來說，會促使解離反應出現的情緒可能是非常多的。

六、處理困擾情緒

　　一旦解離被指認，會困擾孩子的情緒或情境必須在治療中被處理，孩子需要學習因應的策略，如此情緒才不會被逃避或壓抑。

　　我發現一開始可使用的有效策略為：將特殊的情緒外化。例如，我會請孩子畫一張生氣的圖，接著再注視這張圖，請孩子在圖中加上文字；最後，我會給孩子一些開放性的陳述，例如：「當我……，我會覺得生氣……」、「我覺得生氣，因為……」、「當……時，會讓我最生氣。」若孩子能接納這些討論，便可以減少令人害怕的情緒。有一次，一位孩子畫了一張害怕的圖，當我問她想怎麼處理這張害怕的圖畫時，她把紙揉成一團並丟到廢紙簍中，並把一堆枕頭蓋在廢紙簍上，這就是她控制害怕的象徵性方式。過了一個星期後，她移開愈來愈多的枕頭，直到被揉皺的紙能被看見；當她抓起畫紙的那一刻，她宣布：「我現在很少會害怕了。」接著，她將紙團丟進了我

辦公室外一個大垃圾袋內。無法控制的情緒不再困擾著她，她也藉由無論何時感到擔憂或害怕，都可以與我及父親談論，學會了接納令其不舒服的感受。

七、對漂浮反應給予替代的建議

當感受被指認出，孩子也能接納開放性的討論時，便可連結替代性的方法，「當你難過的時候可以做什麼？」我問，通常會詢問不只一種的選擇，「還有什麼是你可以做的？」我會在孩子回應之後詢問。若孩子想不出選擇時，治療師便可以主動地藉由角色扮演提供其他有用的資訊，「當我覺得難過的時候，有時候我會做或說……」，我可能也會提到：「我過去遇過的一些孩子告訴我，他們的感覺會以許多不同的方式呈現，其中一種方式是……。」此外，與孩子的照顧者接觸，確定其會根據孩子所表現的來回應是很重要的。

總結來說，解離是一種適當且有用的策略，用以防衛在威脅情境中所發生令人恐懼的回憶、觀感或想法。但是，當解離成為能讓孩子在受到威脅時立即逃離的有價值技術，之後便會成為造成無助感與逃避現實感永久存在的反射反應；除此之外，解離會阻礙了孩子發展必要因應行為的潛能。

治療師必須評估孩子的解離運用，發展討論解離的技巧，讓解離的順序變得清楚，並建立常見的運用模式，決定解離時常有的感覺或觀感。*治療解離的目標在於幫助孩子在選擇解離*

80

時能擁有控制感，並知道能替代解離的方式。

學習轉換

　　受虐兒童可能會逐漸增加對治療師及環境的信任，以試驗新的行為。然而，除非孩子可以轉換此行為或是能辨識何種行為具轉換性，否則新的知識可能會變成不具任何效益的。

　　在與受虐孩子工作時，增強會讓孩子在家中被責難的行為是錯誤的。例如，有一位兒童案主在治療中被鼓勵問問題，並說出自己的感受，但治療師卻沒有提醒孩子，新的行為在不同的場所會有不同的接受方式。當孩子與原生家庭團聚時，他的媽媽被無法提供資訊的無能感所威脅，因此每當孩子問一個問題時，都會被打一巴掌，這發生於老師提出通報的幾個月前，孩子必須重新被保護。

　　治療師必須幫助孩子了解有些行為在不同的場合會引起不同的反應。例如，與要學習談論感覺的受虐兒工作時，治療師可能會問：「當你告訴爸爸媽媽你的感覺時會發生什麼事？」或「你認為他們將會說什麼或做什麼？」治療師必須強調：「能告訴我你的感覺是很好的，你還可以告訴誰你的感覺？」最終，所有的孩子會學習到人們對他們的反應是不同的，如此才會隨著場合、情境調整他們的行為。

81

預防與教育

所有的受虐兒童都可以藉由學習處理困難、令人害怕或受虐情境的技術中獲益，讓孩子對危機有所參與及計畫會是有用的。

在孩子離開治療之前，治療師可以花一些時間教導孩子有關兒童虐待與預防的知識，我會集中在兩個重點：第一，孩子可以說不、嘗試逃跑，若有人令他們害怕或困擾時可以求助；第二，當有人要他們保守一個令人害怕或困惑的秘密時，他們必須要告訴某人。我通常會檢視孩子的支持系統，確定孩子了解當他們需要幫助時，有誰是可以接觸的；我也會告訴孩子施虐絕對不是他引起的，施虐者通常有自己的問題，是需要被協助的。

有些教育可在團體中進行。如果無法在團體中進行，此教育階段也可在治療結束的脈絡中發生。有一些教育方案會與年幼兒童談及「安全、強壯與自由」，不過我不傾向使用太抽象的概念，我會與孩子談論可以讓他們更有力量的事，因為他們的身體限制是非常明顯的，我會轉而重視孩子所擁有的力量，包括運用文字，保留或分享想法、感受及秘密的力量。

大部分的孩子，尤其是男生，當請他們思考未來如果有人傷害他們或是沒有好好照顧他們時，他們會怎麼做；男孩多傾向談論身體的力量，說他們會用踢、拳擊或殺了施虐者。然而

真相是，孩子很輕易就會被制伏，即使他們不喜歡視自己為無助的，但事實上他們就是這麼無助。因此，我會傾向增強其思考、決定、選擇、行動、談論、訴說的能力，這些的確是孩子的力量，有時能幫助預防孩子成為受害者，辨識出這些力量可以增強孩子的自尊與能力感。

最後要附帶一提的是，受虐兒會因低自尊而感到脆弱，我花了許多時間幫助孩子認同自己的長處，我也不斷地證實著這些優點，到了他們離開治療的時候，我的兒童案主應能運用正向的肯定，並較能不依賴來自外界的認定。離開治療的孩子必須具備某些做決定、控制衝動與釋放生氣的技巧；但願這些孩子也能明白，當他們感到悲傷或沮喪時，自己能夠做些什麼。

第四章

臨床案例

The
Healing
Power
of Play

Working with Abused Children

第一節　*賴洛：因父母嚴重疏忽而受創傷的孩子*

85

轉介資訊

賴洛在被父母嚴重疏忽後，申請安置於寄養照顧，並由社會服務部的安置社工轉介治療。

社會／家族史

賴洛，七歲的黑人男孩，在三兄弟中排行第二，媽媽被通報為精神病患，並被懷疑有多次疏忽賴洛的歷史，先前曾有三次寄養照顧的紀錄，並住過鄰近不同的五州內。

經過治療，賴洛媽媽的資料仍是不完全的，根據報告，她
86 大半生都住在密西西比州，為六個孩子中的一員。她的媽媽與許多男人都有關係，只有兩個孩子是同一位父親所生。賴洛的母親曾作過娼妓、廚師、餐廳服務生，最近因解雇而失業，並「住在街上」。曾有精神病與吸毒的歷史，住院過兩次，但無法維持無毒品的生活方式。

社會服務機構重建了足夠的資訊，呈現了對孩子而言是非常破碎、不一致的環境圖像，雖然外婆有時候會照顧他們，但

他們卻常常跟著媽媽睡在街上。

在轉介治療的六個月前，警察局收到一份匿名通報，顯示在一間房屋內有無人照顧的孩子。警察進入了這間小型的公寓房間內，發現了三名小孩，其中賴洛七歲、亞當五歲、艾莉莎四歲；他們住在一間極度骯髒凌亂的大房間內，衣不蔽體，又餓又匱乏，孩子沒有床舖，夜晚時縮在角落彼此藉由依偎獲取溫暖。最小的孩子，艾莉莎，還未受過大小便訓練，排泄物與尿的味道瀰漫整間公寓。孩子說不出媽媽是何時離開的，也不知道自己將要單獨生活多久。

經過醫療檢驗後，賴洛因為營養不良住院。他嚴重地脫水，似乎孩子一旦有食物，賴洛一定會讓弟妹先吃；他隨後說出媽媽大部分餵他們吃沒有煮過的義大利麵。賴洛一直在醫院住院到體重脫離危險範圍，他的弟弟被安置在寄養家庭，而艾莉莎則因為被測驗出有邊緣性的心智遲緩，因此被安置在特殊的寄養家庭中。當賴洛出院時，他很擔心他的弟弟妹妹（很明顯地，他曾是他們的主要照顧者），也擔心媽媽（這顯示出他也曾嘗試要照顧媽媽），他既憂鬱又焦慮，會任意地尋求依附，並作惡夢或有其他的睡眠困擾；此外，他會把食物藏起來，在醫院病房時，便發現他會將其他小朋友吃剩的食物儲存起來。

87

所呈現的問題

對賴洛最優先的關注是他的嚴重憂鬱症，他會長時間坐在
自己床上凝望著窗外，不想與其他的孩子一起玩遊戲。很難使
他參與談話，其回應都是單音節的。賴洛不會尋求與他人接
觸，也從來不會伸手要任何東西，即使有時候他身體似乎有明
顯的不舒服，他也不會尋求協助，只會等值班護士來巡床。他
常常會在焦慮的狀態下從睡夢中驚醒，顯然會做非常逼真的
夢，但他聲稱很快就會忘記。

在出院的前一個禮拜，賴洛的憂鬱狀態轉變成對食物供給
過度警覺與焦慮，常常會問什麼時候吃下一餐，並會在病房裡
到處覓食，以獲得被請客的機會；為了試圖釋放他的焦慮，有
些護士開始從家中帶糖果及水果。賴洛不可避免要離開醫院，
而這引起了他巨大的焦慮，擔憂接下來不知會發生什麼事。

賴洛已不再問有關媽媽及手足的問題，順從地接受了他們
和自己一樣有個不確定未來的事實，他甚至不問關於他寄養家
庭的問題，似乎靜待接下來一連串的安置；這個孩子似乎確信
自己所剩無幾，如果還有，就是控制他自己的生命，以及沉默
以對。

最初的治療印象

賴洛在進入新寄養家庭的第一週就接受治療，社會服務機

構安排了一位接送人員帶賴洛參與治療。當賴洛第一次踏進我
的辦公室時，他牽著剛認識的接送人員的手，視線朝下，並緩
慢地移動；據我所知，他從未接受過治療，就他的年紀而言，
賴洛顯得太瘦小，而且好像連走路都有困難。

　　賴洛除了向我說了聲哈囉外，很少說別的，他似乎很小
心、走路緩慢、不多話，且動作是笨拙、受限的。我在接待室
迎接他，並帶接送人員與賴洛參觀遊戲室，向賴洛保證接送人
員會在附近等他，但這似乎與他無關。

　　在遊戲室裡，賴洛似乎對玩具及我沒有興趣，他發現一個
軟球，握著並擠壓它，我坐在他附近，並與他談起了遊戲室：
「小朋友會來這邊，並選擇要玩什麼，有時候我們會玩，有時
候我們會聊天，我會跟小朋友聊他們的想法和感受。」我不清
楚賴洛是否聽得懂我所說的話，當我問他是否有想做的事時，
他憂鬱地回答說沒有，於是我說我有時會想用蠟筆畫畫，並把
蠟筆拿出來，開始塗顏色，然後說：「當你將紅色和黃色混在
一起，你會得到像橘色的東西。」我並未問他問題或期望他有
所回應，此似乎讓賴洛有更多隨意走走看看的自由。我偷瞄賴
洛，賴洛正慢慢地審視著環境，他似乎拿起了所有的東西，仔
細地看以做日後之用。要了解他正在想什麼或感覺什麼是不可
能的，我持續畫著畫。慢慢地，賴洛起身並走向水槽，「這裡
有水嗎？」他問。「嗯。」我回答，「現在房間裡沒有水，不
過我可以裝一點水在水桶裡。」賴洛說：「我想喝水，我很

88

渴。」這是日後對食物與水無數要求的開始。我說：「噢，你想喝水，我們可以在廚房弄一些水來。」我們一起走向廚房，賴洛並伸出手要牽我的手，他似乎習慣被領導著；我牽著他的手，當我們到廚房時，他注意到了冰箱。「裡面有食物嗎？」他問，「有的，賴洛，有些在這裡工作的人會放餅乾與午餐在冰箱裡。」我解釋著，「噢。」他說。接著他喝了兩小杯水，我們將水桶裝滿帶回遊戲室，當我們走出廚房時，他問：「妳有放餅乾在裡面嗎？」「有時候。」我說。

回到了遊戲室，賴洛緊抓著茶杯、茶盤與茶壺，他把茶壺裝滿，把茶倒進茶杯裡，並重複倒掉與裝滿的動作，賴洛喜歡把手弄濕，再弄乾。每次當他將水裝滿杯子，並「偷偷喝一口」時，我註解：「你把茶壺裝滿，倒出茶，有時候你會喝茶，有時候你倒茶出來，然後一再地重複這個行為。」當我告訴他我注意到他做了什麼的時候，他露出了一抹淺淺的微笑，在本次會期剩下的時間裡，我們很少交談。

當我們第一次進入治療室時，我曾告訴賴洛當小鐘響起時，就是離開的時間到了。結果當鐘聲響起時，他似乎受到了驚嚇，手上的東西突然掉到地上，賴洛走向了門口。「賴洛」，我告訴他：「很高興今天能認識你，下星期見。」他打開了門，我們走向接待室，他問了接送人員他們是否還可以去吃點心，她很快地回答：「當然啦，賴洛，我告訴過你我們會去的啊。」他已經設法得到了接待人員的承諾，答應照顧其對

89

食物的焦慮，她接著問賴洛比較想吃麥當勞還是肯德基。

在第一次見面後，我的筆記如下：

> 這個孩子如預期的有依附上的困難，對食物與吃有極大的焦慮，他的遊戲焦點放在水、喝水、裝滿與倒空。他會詢問有關樓下冰箱的事，我對於讓他做決定及經歷控制感的空間十分謹慎。我要採取非指導性的方法，並記錄遊戲的主題，嘗試建立治療的關係，我相信要建立信任是很難的，因為他的生命似乎充滿了挫折。需要再與他的寄養父母做確認，並與接送人員討論不要再餵食案主一事。

治療計畫

90

在我第一次與賴洛見面後，我打電話給社會服務機構，我希望能為孩子發展一個治療計畫，並希望能多了解一些他目前的狀況及寄養計畫。社工員告訴我，在孩子被帶走，送進醫院後，都一直找不到他的媽媽。據推測媽媽可能又再度下海賣淫，也知道孩子被監護中。醫院的護士則說接到一位黑人女士詢問孩子的電話，但卻在等候電話轉接時掛掉了。社會服務機構曾與外婆聯絡，外婆對是否要照顧孩子感到矛盾，尤其是在母親音訊全無的情況下。外婆就事論事地認為女兒遲早會現身，但希望女兒是遲些而非早點出現。她認為女兒的生活是毫無希望的，而且「她是不好的」。「這些孩子沒有她會過得更

好。」外婆說，此外她也附帶一提：「連上帝都厭倦了等
待。」外婆簡明地表達了想法，而且是不願配合的，她似乎習
慣了被詢問到有關孩子的事情，她大聲地表達了挫折感。

賴洛被計畫要長期安置，在家庭資源缺乏之下，較年幼的
弟妹會被收養，因為他們年紀比較輕，較容易被收養。如果媽
媽能夠回到密西西比州或在當地定居，在有可能團聚的情況
下，將會努力嘗試提供此種服務。雖然她曾有一段時間努力想
照顧她的孩子，不過依照媽媽過去的歷史，這種情形不太可能
發生。倘若媽媽在一年後仍未出現，將可能終止媽媽對這些年
幼孩子的親權。

這些資料幫助我建構治療計畫，需要協助賴洛與手足、媽
媽、外婆進行分離。雖然一開始幾次與手足的接觸，能降低賴
洛對他們是否平安的焦慮，但長久的分離是不可避免的，收養
之後的接觸也許是不可行的。對我而言，知道現實中不可能安
置於外婆處是一個重要的訊息，賴洛可能終究會詢問有關未來
的問題——這麼做事實上為好的預後徵兆。

在聽到社工員已將賴洛安置於一家庭中，能有結構地提供
連續性的照顧，並計畫要盡快與寄養媽媽葛蘭妮絲太太接觸
時，我感到放心了。

治療的開始階段

接下來五次的拜訪模式被清楚地建立了，我會在伸手可及

之處放有一桶裝滿水的桶子、杯子及杯墊。賴洛會進行水的遊戲，他很少說話，而且似乎享受於我以口語觀察其行為。在第五個星期他問：「今天妳這裡有餅乾嗎？」「沒有。」我說，「我沒有。」他似乎很失望。「樓下有一個冰箱。」他說。

「那裡的確有，賴洛。」

「我想去看一下冰箱。」

「好啊，我們可以走下樓去。」我們走下樓並看了冰箱，賴洛似乎被強烈地吸引住了。

「午餐在裡面。」

「是的。」我說，「的確有一些午餐在裡面。」

「我可以看嗎？」他張大了眼睛問。

「可以，我們可以把它打開。」我回答道。當他站在打開的冰箱前，他的眼睛張得更大了，似乎時間將是永無止盡的，他將手貼在身邊，仔細地看了每一層、每一個角落與縫隙。「在我家我也有蘋果。」他指出，「噢。」我說，「你也有蘋果。」「不是我的。」他更正，「是葛蘭妮絲太太的。」「噢。」我重複著，「葛蘭妮絲太太，你的寄養媽媽有蘋果。」「是啊。」他驕傲地回答，「她的冰箱比較大，而且聞起來比較香。」「原來如此。」我說，當我們走上樓時。

在這段期間，我請葛蘭妮絲太太過來一趟，她是一位五十歲、和藹的黑人女士，做寄養父母已有十八年的歷史，很明顯是很有經驗並關心賴洛的。「這個男孩總是在吃東西。」她解

釋著，「不論你給他多少，他總是希望更多，他的眼睛比他的
胃大。可憐的孩子，就在上個星期有一天晚上我聽到他在哭，
於是走到他房間，抱了他很久，並搖搖他，一遍又一遍問他怎
麼了，最後，他說他在想媽媽及想媽媽正在吃什麼東西。他告
訴我有時候媽媽會做壞事，而有時候壞男人會傷害她或推她下
樓。可憐的孩子，只有上帝知道他看見了什麼。」

　　葛蘭妮絲太太是一位單親媽媽，與兩名成年子女住在一
塊，除了賴洛之外，還有其他兩名寄養兒童，羅夏與凱洛亞，
葛蘭妮絲太太認為他們都是可愛的孩子，彼此相處融洽。唯一
的問題就是當賴洛偷其他孩子的錢時，其他孩子會與賴洛打
架，他們會叫他「肥豬」，並用鼻子對他發出輕蔑的聲音；賴
洛通常會因此表現出受傷的樣子，並跑回房間躲起來。

　　葛蘭妮絲太太認為賴洛自從搬進來之後進步很多，「他現
在會問我問題，而且會在晚上跟我們一起待在外面看電視。一
開始的時候，」她特別指出：「他只肯待在自己房間裡。」

　　當我請葛蘭妮絲太太形容家中的作息時，她提到在所有的
孩子從學校回到家以前，家裡會非常安靜（他們都一起走路至
附近的學校），她通常會準備好餅乾、派或蛋糕、牛奶等孩子
回家。「我通常會給賴洛一大片，因為我想把他養胖。」之後
當她把晚餐加熱時，孩子會去做功課或出去玩。「我通常會在
孩子還在學校時把晚餐煮好，當他們回家時，一切事情都已經
準備好了。」在晚餐之後，孩子會看電視或玩遊戲，之後她會

讓孩子們準備上床，她形容此為「安靜的」。他們會洗澡，拿出隔天要穿的衣服並禱告，有時候賴洛會吃一小片東西，這是他在睡覺前已經準備好的。

葛蘭妮絲太太認為她很少有孩子管教上的問題。「我以前有遇過粗暴的孩子，但是現在我跟卡爾伯特太太說我只要管教安靜的孩子。」她說，「我只要看著他們的行為，他們就知道我生氣了，他們不希望我生氣。就像我可以有多安靜，當我生氣時，就可以有多大聲。」

當問到葛蘭妮絲太太其他注意到賴洛的事情時，她說賴洛有時候好像「有一點奇怪」，當我請她說得更詳細些，她說：「嗯，有時候你在跟他說話時，他似乎透過你看著遠方，好像你根本不在那裡。有時候，當他看電視時，他只是吸著他的指頭，好像在另一個世界裡。他比另外兩個孩子愛哭，當他們叫他『愛哭鬼』的時候，他常常會回房間睡覺。如果他真的很生氣，他會告訴其他孩子他們不是他真正的兄弟姊妹，他真正的兄弟姊妹比他們要好；如果孩子不相信他，他會跑過來，並拖著我出去，要確定其他人知道他說的是實話。」

葛蘭妮絲太太也有些不自在地指出，賴洛「很常摸自己的下體」，而且當被任何人看到身體時都會非常害羞。我問她當賴洛在自慰時，她會做些什麼，她回答：「我會打他的手……不會很大力，只是要他知道這樣的觸摸不是我想看見的。」葛蘭妮絲太太主動提出她認為讓賴洛見其弟弟妹妹會有幫助，她

93

認識撫養其弟妹的寄養媽媽，此接觸的念頭也同樣閃過我心底。

　　我謝謝葛蘭妮絲太太的洞悉力，她提供賴洛一個結構性的環境，讓賴洛可以清楚地以正面的觀點來回應。我告訴葛蘭妮絲太太與其打賴洛的手，可以嘗試給賴洛一顆球或其他的東西讓其動動手，因為這個年紀的孩子在厭煩或無聊的時候，便會傾向進行自慰。此外，我告訴葛蘭妮絲太太關於賴洛對食物焦慮的事：「我同意賴洛一直過著非常辛苦的生活。」我開始說：「如妳所知，他曾經可能因為嚴重的營養不良而死掉。我認為他現在極度焦慮要獲得足夠的食物；但同時，我擔心如果大家過度餵他吃東西，他可能會失去學習面對自身焦慮的機會。」葛蘭妮絲太太看起來似乎有些被冒犯，她解釋她並沒有過度餵孩子吃東西，只想確定「孩子的骨頭上是有長肉的」。我告訴她，我也希望看到賴洛身體健康，鼓勵她當她想到這件事，便可以一次一次地嘗試，拒絕賴洛對更多食物的要求，或告訴他如果在一個小時之內仍然很餓時，到時候他才可以再吃一點東西。她看起來對此建議沒有像對自慰行為建議那麼有反應。

　　我與賴洛的老師接觸，詢問賴洛在學校的行為，並發現他在一年級表現非常好。一開始的教育評量發覺賴洛的語言及數理能力幾乎不存在，社會服務機構也無法取得先前任何的學校紀錄。老師認為賴洛在班上是很順從的，「有時候，你會忘記

他的存在。」她也提到他對食物的著迷，並注意到賴洛下課時
會在垃圾桶中搜尋東西；她還看到賴洛將食物藏在背後帶回
家，有一些小孩會因為這樣嘲笑他，一如寄養兄弟姊妹一般，
會將其標籤為「豬」。在學業上，賴洛能趕上進度，當他在作
業上獲得一顆星或一個笑臉時，他似乎很得意，老師認為賴洛
在這段期間內沒有行為或不在預期中的學業問題，只是在社交
上看到賴洛只待在自己的周圍。「我鼓勵他去玩團隊遊戲或嘗
試團體方案，但是他只喜歡跟自己在一起。」唯一的例外就是
賴洛很喜歡一位助理老師，總是盼望能夠看見她。

　　在見了賴洛十幾次後（兩個半月後），我看到了一些清楚
的模式，賴洛的遊戲是儀式化的，他似乎重演了自己的被剝奪
及食物的供給，他會著迷於讓每件東西都能足夠。他開始更注
意時間的設定，常常會說：「你設定了四十八分鐘，不是五十
分鐘。」好幾次他會問我冰箱內是否有餅乾，根據非指導性的
取向，我通常會回答：「你想知道我是否有食物放在冰箱。」
「嗯，妳有嗎？」有一次他提出要求，我回答：「沒有，今天
沒有。」我辦公室裡的冰箱成為他無法取得食物的象徵，雖然
他還不自在於要求食物或拿食物，但他幾乎每次都會對冰箱發
表意見。

　　在這段期間，我通常會給賴洛充分的活動選擇，只有一兩
次他想著色，他總是翻至同一頁，標明著「沒有人」能塗他那
一頁，他過度小心地不塗出界線。一次又一次地，賴洛對來遊

95

戲室表現出開心的樣子，甚至是衝進來的；有一次我遲到五分鐘，他馬上詢問他是否仍能擁有相同的時間，我告訴他當然可以，這是他第一次露出開朗但簡短的微笑。

治療計畫

我對賴洛的治療計畫在第三個月時列出來，並寫在我的紀錄中，如下：

1. 與賴洛的個別化非指導性遊戲
   a. 記錄遊戲主題與模式，注意遊戲中所使用的象徵。
   b. 觀察並保持非侵入性。
   c. 鼓勵選擇及控制感。
   d. 治療增加為每個星期兩次。
2. 互動議題
   a. 觀察賴洛的互動層次。
   b. 觀察與玩具／娃娃的互動遊戲。
   c. 持續與寄養媽媽、寄養兄弟姊妹、老師、助理老師及同儕互動以獲得資訊。
   d. 定義與治療師的互動層級：問問題的次數、「我」開頭句子的次數、自動發表意見的次數。
   e. 鼓勵賴洛滿足自身需求，例如，要求做某件事、要求自己的時間等。
3. 創傷工作

  a. 調和營養不良及與母親分離的創傷象徵，觀察賴洛的
   創傷後遊戲。

  b. 如果題材一直無法深入，則要變成指導性。　　　　*96*

4. 協調

  a. 持續與社工接觸，在被要求時提出報告。

  b. 一個月至少與寄養媽媽見一次面，並評估家裡的進展
   （檢查過分餵食的情況）。此外，也要了解依附品
   質、焦慮行為與作惡夢的情況。

  c. 嘗試讓賴洛與原生手足之間有初步的接觸。

治療中期

  與賴洛一星期二次的見面非常成功，他開始與我有適當的依附關係，並非常深入其治療工作。在開始一週兩次會期後的兩個月，他的遊戲有了戲劇性的轉變，他停止玩茶杯與茶盤，將注意力轉移至展示櫃上的奶瓶。我確知他一直都有注意到這些，但是現在他突然開始集合這些東西，將其裝滿水又倒掉，他在裝水與倒水過程中情緒有所改變。他困難地呼吸著，身體僵硬，常常緊張地看我在做什麼。之後有一天，他好似鼓起了所有的力氣，將奶瓶的奶頭塞到嘴巴裡，並看著我，我與他視線接觸，他並沒有將眼神移開。「你正從奶瓶裡喝水。」我說。他慢慢地走向一堆枕頭，並躺在上面，精神旺盛地吸著奶瓶。當他喝完了所有的水，奶瓶從他的嘴中放下，「我還

要。」他平靜地說。「你想從奶瓶中喝到更多的水。」我說。
我把奶瓶拿過來，裝滿水，再遞給他，我走回水瓶旁的座位。
賴洛將腿彎向自己躺著，吸著奶頭，他不再困難地吸吮，而是
靜靜地吸吮。計時器的鐘響打擾了他，他似乎對必須起身感到
生氣，他將奶瓶丟過房間，並走出了房間。「賴洛，」我叫喊
著，「讓我跟你說再見。」我蹲下來使我們有眼神的接觸，我
說：「你從奶瓶裡喝了很多水，當鐘聲響起時，你把奶瓶丟
開，你可能希望能待久一點，並多喝一些，下次你來的時候奶
瓶還是會在這裡，下次見，賴洛。」他走了開，當他抓住接送
人員的手時，他回頭看了我一眼，並揮揮手。

　　賴洛之後再來的時候顯得害羞，他可能對吸奶瓶感到羞
愧。他畫了一會兒圖，我逮到這個機會要他畫自己，「什麼意
思？」他問；「嗯，就是畫你自己。」我說。圖 4-1 就是賴洛
第一次畫他自己，當我要求他畫一幅家庭圖，他畫了圖 4-2。他
自己在畫中如此之大並被不一致、貧瘠的環境吞沒很引人注
目，他的畫是比他年紀小的孩子會畫出的典型的圖，以賴洛的
年紀與背景，身體的缺乏可能象徵他缺乏身體印象，起因於遭
受到嚴重的營養不良、發展遲緩，並因目前可預測的體重增加
感到不自在。家庭圖則反映了他的孤立感，沒有家庭成員有嘴
巴，媽媽的縮小尺寸指出了賴洛視自己為照顧者。

　　在畫他的家庭圖時，賴洛說：「我愛我的媽媽，她是一個
很好的媽媽，她不壞。」這話聽起來較像是對自己保證勝過於

圖 4-1

圖 4-2

自我揭露。「你有一個很好的媽媽,而且你很愛她。」我重複
著,在我能繼續說話之前,「她並不壞。」賴洛堅持地說著,
「**她並不壞!**」我同意道,「是的,賴洛,她不是一個壞媽
媽,你很想念她。」。賴洛走向水箱,再次把他的奶瓶裝滿,
接著在枕頭處安靜地吸吮,與第一次不同的是,他似乎接受了

時間的限制，能在起身時讓自己感覺更好。不知怎地，他知道
自己能控制此滋養的過程，且我會把奶瓶裝滿再交還給他。

　　在約十至十二次這樣的滋養會期後，某些值得注意的事發
生了，當賴洛安靜地躺著時，我聽見他說：「莉安娜。」我走
向他，他叫我坐下，我照做，他把身體移向我坐了起來，接著
他將身體彎曲，把頭靠在我的腿上，他舒服地躺著，並把奶瓶
吸完。那天當他離開時，他向我揮揮手，並轉身離去。

　　在這些會期過後的一個半月，賴洛有時候會過來牽我的
手，有一次他將我的手抬起來放在他的頭上，出於本能地，我
摸了摸他的頭，而他睡著了。當鐘聲響起時，他才醒來，很顯
然地他受到了滋養。他離開這些會期時，看起來焦慮少了些，
且還有點快樂。葛蘭妮絲太太打了電話給我，告訴我在家裡發
生了一些不一樣的事，「他似乎不再想吃那麼多。」她驚訝地
說，「昨天晚上他把自己那一份的派給我，我上前去把它吃
了，當時沒有時間去擔心我的體重。」

　　有時候賴洛會把奶瓶從嘴裡拿出來說：「妳不是我媽
媽。」

　　「是的，賴洛，我不是你媽媽。」

　　「我媽媽叫做羅瑞塔。」

　　「是的，你媽媽的名字是羅瑞塔。」

　　之後他又重新開始吸吮的行為好讓自己感到安心，這些陳
述似乎象徵了賴洛能在真實世界中發揮功能，並發展因應的策

略。真實世界的感受其中之一是：他渴望得到媽媽的滋養，不過他也面對了現實的限制。他的媽媽是一個沒有能力酬賞與不一致的對象，他需要依賴其他人，讓自己最終能獲得情緒上的滋潤，他找到處理自己渴望的方法，似乎可以透過遊戲重演的方式自我修復。

大約每隔一週，賴洛就會停止滋養的內容，他會畫畫或堆積木。最後，他冒險嘗試了娃娃屋。一開始的時候，他坐在娃娃屋前，似乎望著裡面，害怕移動任何東西，我註解著：「你安靜地坐著，望著房子的裡面，你沒有碰任何東西，你坐在外面，往裡面看。」我把裡面的家人玩偶拿出來（賴洛總是逃避放有人形娃娃的櫃子，他的遊戲到現在總是以物品為主：積木、蠟筆，甚至是用來繞圈圈的卡車或小車車），他驚訝地看著我，這是我第一次挑選玩具給他玩。「這是他們的房子嗎？」他問。「它可以是。」我回答。我看著房子，而他看著娃娃，他抓起了媽媽娃娃，並把她放在廚房。「她在煮飯。」他堅定地說，「這位女士在廚房煮飯。」他很快地走開。在此次見面的剩下時間裡他都在畫畫。他從寄養媽媽那裡學到了幾首歌，在他畫畫時會愉快地唱著歌。我總是告訴他，「你唱歌很好聽，賴洛，你記得所有的歌詞及旋律。」他似乎感到得意，且過了幾個星期之後，他的聲音變得愈來愈大聲。當他唱完一首歌時會開朗地笑著，我也會微笑以對。當我們走出遊戲室時，賴洛牽著我的手。他有許多不同的接送人員，當他離開

時他不再牽著他們的手，他現在走在他們旁邊，看起來充滿了
自信。

100　　　在治療了八個月後，賴洛有了很大的進展，他在同一所學
校念完一學期，成績也進步了（有一次，賴洛興沖沖地跑進等
待室要見我，他適當地自誇自己的寫作得了一個 A，「意絲樂
太太將會給我一個派。」他宣布著）。不過，會引起賴洛營養
不良回憶的區域仍然存在，葛蘭妮絲太太嘗試停止對賴洛過度
餵食充其量只是最低限度的，她常常告訴我她已經盡力嘗試，
但她無法拒絕賴洛對額外食物的要求，葛蘭妮絲太太是一個肥
胖的女人，而她的孩子也同樣很肥胖。她相信孩子應該是要很
豐滿的，要與其信念系統對抗是很困難的，她持續以食物作為
賴洛的報酬，而賴洛仍然對此報酬有所回應。

　　在治療中，協助賴洛處理其對獲取足夠食物的焦慮有了一
些進展，他仍然會問起樓下的冰箱，常常要求看有什麼東西在
裡面，他也會指明自己喜歡什麼或不喜歡什麼，對話通常會在
他堅持葛蘭妮絲太太的冰箱比我們的「更大更好」下結束。

　　我為遊戲室買了一個玩具冰箱及玩具食物，賴洛很快就注
意到它們，他將食物拿出來，數數看有多少，再放回去。賴洛
從未忽略過其他的孩子也會玩這些玩具的事實，賴洛的遊戲似
乎企圖核對沒有人拿走任何食物。「有其他的孩子來這裡玩
嗎？」

　　「你想知道是否有其他的孩子來這裡玩遊戲，是的，賴

洛，有其他的孩子來。」

「妳會與其他的孩子來這兒嗎？」

「你想知道我是否有和其他的孩子來這間遊戲室，有的，賴洛，有時候我會和其他孩子來遊戲室。」我回答。接著，他問了無數有關其他孩子及治療的問題。食物每個星期都會被重新數一次，到最後，有些食物不見了，賴洛感到吃驚與擔憂，他尋覓各處為找出遺失的食物，當他無法找到它們時，他退縮至一個角落，「偷東西的孩子很壞。」他下了一個結論。

「你對本來你把東西放在應放的地方，但卻遺失了，感到不高興。」我說。

「妳會再買新的嗎？」

「賴洛，我不知道。」

「嗯，妳應該會的。」

「你真的很喜歡維持原狀，你不喜歡東西不見。」現在我們談起了他的母親。「反正我不想再玩那些東西了。」他宣布著，就這樣他拒絕玩這些讓他感到驚愕的玩具，但最終他會回到這裡。「你對掉的東西有感受。」我觀察到。

在此次見面過後的兩個星期，賴洛要求寫一封信給媽媽。「賴洛，你當然可以寫信給媽媽。」我說。他運用他最厲害的「Ａ」級寫作能力，寫著：「媽媽，我愛妳。」「把這封信寄給我媽媽。」當他走開時他說。「你希望媽媽收到你說你愛她的信。」我說。「妳會把信寄出去嗎？」他問。我很為難，但

還是答應了，「下一次你來的時候，我們一起寄這封信。」我
需要一些時間思考。

　　接下來的一個星期，賴洛沒有提起這封信，當他說他想停
止著色時，我說：「上星期你想寄信給媽媽，這裡有信封。」
我們把媽媽的名字寫在信封上，「賴洛，我不知道你媽媽的地
址，我們應該要怎麼寫？」我問。「寫密西西比州。」他說。
「好。」我同意。我們拿著信至信箱前，賴洛很勉強地碰到信
箱並將信投入，「上帝會把信帶給她。」他說。「是的。」我
說，「你真的很希望她知道你愛她。」他沒有回答。幾個月
後，賴洛想寫一封媽媽寫給他的信，他寫下：「我愛你，媽媽
上。」他想再次走向信箱，這一次信封上有了地址：是葛蘭妮
絲太太的地址。賴洛快樂地把信帶來，「今天信寄來了。」他
宣告著，「我收到媽媽的信。」他把信保存在他的房間裡。

102
治療的終止

　　有一天社工打電話給我，告訴我賴洛將在幾週內被送至密
西西比州，她提到賴洛的媽媽被捕，交由外婆照顧，外婆同意
讓媽媽住在家裡，直到她找到工作為止，賴洛與弟弟會送回密
西西比州，家庭重聚的計畫就此展開。我大吃一驚，關心治療
會如此被突然地終止，賴洛已經有了很大的進展：他與寄養媽
媽建立了依附關係，在學校與治療中表現良好，並開始對環境
產生安全感；但這一通電話，卻使一切都中斷了。我很快地見

了賴洛，並告訴他他將要搬回密西西比與媽媽團聚，他安靜地
看向他處，「亞當與艾莉莎也會去嗎？」「我想是的，賴洛，
不過，我們必須要向凱柏太太（社工）確認。」我回答。因為
媽媽在一年之內被找到，親權的終止有可能會延期，賴洛問起
了他要住哪裡及何時要動身，我回應：「我想你會和外婆一
起，不過，我們一起再向凱柏太太詢問，你應該會在一個半星
期之內離開，我們可以有超過三次的會面機會。」賴洛看起來
悶悶不樂，開始在角落裡安靜地著色，「跟喜歡的人說再見是
很困難的。」我告訴他。「我喜歡妳。」他主動地說。「我也
喜歡你。」我說。

　　接下來的會期，我帶了一本剪貼簿及拍立得照相機，我告
訴賴洛今天將會很特別，因為我要為他拍一些相片，讓他可以
帶去密西西比州。我拍了遊戲室、他最初玩的水槽、奶瓶（他
希望我幫他拍　張拿著奶瓶在過去用的枕頭上的照片），以及
建築物的照片，他幫我照了幾張相，而工作人員也幫我們拍了
合照。我們去了他的學校，拍了他的教室與老師，接著去寄養
家庭，拍了賴洛與葛蘭妮絲太太，以及賴洛與其他孩子的照
片。他在大部分照片中都是憂喜參半的，他小心地將照片收藏
好，「我有好多照片。」他開心地說。「是啊，你有好多照
片。」我同意。「我可以帶這些照片坐飛機嗎？」他問。「賴
洛，你可以的，任何時間只要你想看、想記得你住在加州的時
候是什麼樣子都可以看。」我告訴他。「我喜歡加州。」他

103

說,「我也喜歡密西西比。」

在我們最後兩次的會期中,我們談論到他的離開、道別、寫信,及他在加州思念的人事物,他每個會期都帶著剪貼簿,在裡面畫了許多畫,他也給我看他擁有的其他紀念品,有電影票根、成績單、得到星星與笑臉的作業,和一些糖果棒的包裝紙。每一次會期我都協助他向遊戲室及曾玩過的玩具道再見——不過賴洛沒有碰奶瓶,他似乎無法跟它們道別。

最後一次會期時,我送給賴洛一個告別禮物,他帶著期望打開了,禮物是一個嶄新的奶瓶,小到不引人注目,我在卡片上寫下:

> 親愛的賴洛:
>
> 　我會想念和媽媽、外婆與弟弟妹妹住在密西西比的你,我知道此刻有人正在協助你媽媽,讓她學習到如何能讓你安全,也能好好地餵飽你。當你看到這個小奶瓶,我希望你會記得你如何學會餵飽你自己,並讓心裡的感覺更好過一些。如果你感覺到飢餓想吃東西,要記得告訴外婆或老師;如果你渴望愛,則可以請一位信任的大人抱抱你或親親你,或者閉上你的眼睛,記起你曾經讓自己感覺更好的方法,我會常常想起你並記得你的。
>
> 　　　　　　　　　　　　　　　　　　　莉安娜

「這是只給我的嗎?」他不可置信地問。「這就是給你

的。」我說。他抓著小奶瓶，主動地擁抱我。

討論

賴洛是一個被親人嚴重疏忽的受創小孩，他經歷了長期的無助感，因應不一致的照顧、分離、再定居與被放棄的危險，他的媽媽多年依賴毒品，生活型態混亂。如同許多營養不良的受害者，賴洛發展出對獲得足夠食物的焦慮感，表露其對搜尋與貯存食物的企圖。他很愛睡覺，需要大量的睡眠，似乎逃避人際的接觸。賴洛是兩個年幼手足的主要照顧者——可能也包括他的媽媽。他呈現出的問題是憂鬱，而更根本的問題則包括了習得的無助感、無區分的依附、對營養需求的焦慮、作惡夢及人際問題。

在治療中，我決定運用非指導性的方法，嘗試給予賴洛自我控制感，我希望他能做決定、能有所要求、嘗試滿足自己的需要。希望他經歷並處理與我建立關係的焦慮，總有一天，他要面對自己的恐懼，及對依賴與一致性的期待。

我提供賴洛的遊戲素材是可以幫助他重演根本的基礎議題，包括害怕、剝奪與渴望。如茶杯、杯墊、水、奶瓶、超市手推車、冰箱與玩具食物，對賴洛來說變得有意義。此外，他最後也能克服這些玩具所延伸的不舒服感，並運用娃娃屋與家庭玩偶演出對家庭生活的幻想。賴洛對房子與家的看法有點被過去的經驗所扭曲：他曾不斷地遷徙，且常常蜷縮地睡在人行

道上。

　　賴洛的遊戲主題持續反映了他適當地關注滋養一事：他總是清空又填滿物品，他在會期中藉由喝光奶瓶的水將身體滋養的需求象徵化，並藉由彎曲躺在枕頭上吸吮奶瓶象徵其對情緒滋養的需要。

105　　在治療期間，賴洛的互動有明顯的進步，他能問問題，引導我參與遊戲，努力滿足自己的需求。很顯然地，治療變得對他相當重要，他期望來治療。他常常要確定自己將計時器設定至精確的時間，而他也尊重所設的限制，他也學習到因應當他知道大樓裡有食物，但卻無法在會期中吃東西的焦慮，他能容忍其他孩子也玩「他的」（玩具）食物的事實。

　　賴洛在治療中學習自我滋養，他滿足了原始的吸吮衝動，他當想喝的時候可以喝得更多，並在某些重演的情況下引導我與其身體接觸，且能成功地區分真實與幻想、媽媽與我。藉由幻想，可以補償他早期被剝奪的經驗；他停止無區分的依附，對新的接送人員維持禮貌但有距離的關係；他和寄養媽媽建立了重要的依附關係，在寄養家庭的環境下感到安全與被愛；同時，他似乎有內在的約束，完全了解寄養照顧只是暫時的，有可能突然改變。

　　我對賴洛只用了最低限度的指導性遊戲，引導其參與娃娃屋的遊戲，並察覺其矛盾。當我把娃娃拿出來時，他逃避了遊戲，我點出了他的反應，並允許他選擇等一下要做什麼。

　　不幸地，治療是在未成熟且突然的情況下結束，在這種情況下，我想以結構性的方式準備讓賴洛離開是最好的，他有極大的進步，且擁有了可運用於不確定未來的一些技術。向他一再保證事情會如何發展是困難的，社工向我們保證她會將東西完整地轉移，包括我的結案報告，她也下定決心要確定賴洛能在密西西比州繼續接受治療。賴洛更強壯、自我更清晰、更有自信地回到了母親的身邊。

106 ## 第二節　強尼：因性虐待而受創傷的孩子

轉介資訊

強尼在與媽媽住在奶奶家時，被一名無關係的同住成年男性性虐待後，由兒童保護服務機構轉介治療。

社會／家族史

強尼在轉介時快滿五歲，他是大衛與瑪姬唯一的孩子，他們在強尼出生後沒多久就離婚了，大衛對妻小都施與暴力，原生父親與孩子之間的連結因為離婚而中斷，瑪姬帶著強尼逃向婆婆，婆婆提供了棲身之所。而瑪姬的父母早在其十一歲時均因車禍雙亡，之後她住過了一些寄養家庭，在成年之前還住過兩年團體家庭；就在團體家庭生活的期間，媽姬認識了大衛並懷孕。他們的第一個孩子流產了，兩年後懷有強尼。

107 大衛是五個兄弟中的老大，在十四歲時因為偷車，並開出國界販賣而被法院判監禁，他大部分的青少年時光都是在少年拘留所與團體家庭中度過的，他有存在已久的毒品成癮問題。

當強尼告訴媽媽寄宿的賴瑞傷害他時，瑪姬打電話給兒童保護服務機構，強尼告訴機構，賴瑞「傷害了他的屁股」。醫

療檢驗確實發現強尼受性病傳染。在強尼接受治療期間，賴瑞
逃走了，警察發現了賴瑞並逮捕他，拘留並要求治療。強尼的
奶奶不相信賴瑞會與猥褻小孩有所牽扯，她認識賴瑞的父母，
拒絕相信強尼的說辭，當她看著強尼時是相當困惑的，她不斷
質問著強尼，鼓勵他說出是「別人」傷害他的，他從未與賴瑞
單獨在一起過。不論奶奶多麼懷疑，地方檢察官控告賴瑞猥褻
十四歲以下的未成年人，初步的審訊因而展開，地方檢察官準
備讓強尼作證，事實顯示男孩能以清楚的方式為此虐待作證。

　　在初次審訊時，強尼能清楚地述說賴瑞「傷害了他的屁
股」，在反詰問時，他被問到：「當賴瑞傷害你的時候，你做
了什麼？」強尼回答：「我戳了賴瑞的眼睛，打斷他的膝蓋，
並把他丟在山裡。」最後強尼的案子並未被受理，因為他不被
視為一個可信的證人，即使已有醫療發現其確實受到性虐待。
某種性虐待發生在這個孩子身上是沒有疑問的，但是要完全確
定發生了什麼事及加害者是誰是很困難的。

　　強尼有許多問題行為，他會作惡夢，並緊握著媽媽，他會
害怕突然的聲響、新認識的人及獨處。他的媽媽及照顧者都很
關切其過度的手淫、攻擊行為及不斷地被魔鬼的想法盤據；媽
媽與奶奶都對後者感到困惑，她們否定曾經教過強尼任何有關
魔鬼的事情。

　　由於強尼的奶奶拒絕相信他對賴瑞的控訴，瑪姬搬出了婆
婆的房子，並住在附近的郡內。就在這次搬家後，她和強尼被

108

轉介給我以進行治療。

臨床印象

強尼處在非常吸引人但分裂的五歲，他的表達能力很好，且是聰明開朗的，但對限制是沒有反應的，也很難遏止其好奇心。當他踏進辦公室，他的焦慮不安引起了每個人的注意；他打開進入治療師辦公室的門，用不同的杯子喝水，壓扁這些杯子再到處亂丟，爬上了椅子，把音樂打開，想把等候室裡的魚弄出魚缸外，常常製造了混亂。

強尼的媽媽是發揮不了作用且不一致的，她似乎對強尼的行為感到羞愧，並交替著被威脅、無助與掛念之感，她表示強尼「可怕的行為」是新產生的，且是在被賴瑞騷擾後才出現的，在被騷擾之前，她強調，強尼是很安靜、順從的。媽媽很積極地想讓兒子接受一些幫助，也希望自己能獲得一些指引與支持。

在第一次幾乎沒有發生的會期中，強尼幾乎每幾分鐘就進出遊戲室一次，他似乎不能忍受單獨與我相處；當他到等候室確認媽媽的存在時，他通常會做一些事情引起她的注意，例如爬高跌倒、把水池的熱水桿推開，或是撕破等候室中的小冊子。

我很快地開始設限，「強尼，你看，這是一個計時器，我們有五十分鐘的時間可以在一起，當鐘聲響起的時候，就是要

離開的時候。」「讓我看看。」他說，把時鐘抓了過去重新設 *109*
定。當他第三次抓時鐘時，我把時鐘放得更高，並告訴他：
「在我們的會期中，這個計時器會放在這裡。」他生我的氣，
並跑出去找媽媽，我跟著出去並伸出了我的手，說：「過來看
看我在遊戲室中，的玩具。」他不肯牽我的手，但是當我轉身
回到遊戲室時，他卻跟在我的後面。

在最初的兩次見面裡，我無法包容他，他看都不看地把櫃
子上所有的玩具都掃下來，使它們分散房間的四處。在某個時
間點上，我說：「強尼，所有的玩具在櫃子上都有一個位置，
我們把它們放回去吧。」「不。」當他跑出房間時，他決然地
說。

我想強尼可能希望門是打開的，在第二次會期快結束的時
候，我說：「我們讓門有點打開，這樣你就可以看到外面，而
且如果你真的想要離開，你是可以離開的。」他對半開的門反
應良好，開始坐下來畫畫，當我問他畫些什麼的時候，他大聲
地吼叫：「笨蛋，這是賴瑞。」「他在做什麼？」我問。強尼
離開了房間。在第三次會期時，他留在遊戲室，少有干擾，有
時候他會把東西帶出去給媽媽或要求去上廁所。

強尼的專心時間很短，他大約每六分鐘轉換一個玩具或遊
戲類型。「把這個放回去，笨蛋。」他會這樣說，把我的手伸
向他不想再玩的玩具，我把玩具放回去，注意到他已經開始創
造結構性的遊戲，組織開始、中段與結束的順序。

　　我每星期都與強尼的媽媽見面，她描述了強尼擺脫不了賴瑞與魔鬼的想法，她指出這種行為在晚上會更加嚴重，強尼害怕睡覺，就寢時間成了衝突核心，強尼希望開著燈，並把門打開，且一個晚上去廁所五到十次。

　　大約在第三次會期時，我問強尼有關夢的事情：「晚上睡覺以後會發生什麼事情？」他用睜大的眼睛看著我，平靜地
110 說：「魔鬼會來找我，並把我抱在懷裡。」

　　「魔鬼長什麼樣子？」

　　「他有紅色的角。」

　　「你知道嗎，強尼，我有一些玩具長得像魔鬼。」

　　「不，妳沒有。」他挑戰著。

　　「你想看嗎？」

　　「不要。」他似乎很害怕。

　　「沒關係，強尼，這裡有一張紙，你畫給我看會在晚上出現的魔鬼。」

　　強尼拿了紙，並畫了一幅以紅與黑為主的鮮明圖畫（圖4-3），當他選擇魔鬼圖畫的顏色時，顯得意味深長，並閉上眼睛陷入明顯的深沉專注中。當他完成了圖畫時，他匆匆地拿去給媽媽看，「媽媽，媽媽，這就是晚上會來的魔鬼，莉安娜也
111 有一個魔鬼。」我向媽媽與強尼解釋我在遊戲室有一個魔鬼的小塑像，我說強尼與我談論到了他可怕的夢。強尼主動地說：「魔鬼有很大的力量，他也會把妳殺死。」我跪下來以便可以

圖 4-3

與強尼的視線接觸，我看著他並說：「強尼，我知道有人告訴你許多跟魔鬼有關的事情，及他可以有多可怕，我希望你知道上帝會保護我們遠離魔鬼，現在上帝會好好地照顧你跟媽媽。」「不，祂不會，」他說，「上帝不喜歡壞孩子。」我決定要表現得更為肯定，並堅定地陳述：「上帝對好孩子與壞孩子都一視同仁地喜愛，上帝知道魔鬼會嚇小朋友，讓小朋友認為自己是壞孩子，你跟我將會聊得更多，並請上帝幫我們打倒魔鬼，好嗎？」強尼抓住了媽媽的手，說：「媽媽，我們

走。」

　下一次他來的時候，強尼再次強調：「上帝不愛壞孩子。」

　「你做了什麼壞事？」

　「沒有。」強尼回答，「但是我對賴瑞做了不好的事。」

　「你做了什麼壞事？」

　「我不能告訴妳。」

　「如果告訴我會發生什麼事？」

　「賴瑞會殺了我們。」

　「賴瑞會殺了誰？」

　「我和媽媽。」

　「是賴瑞告訴你的嗎？」我問。他點頭稱是。「強尼，你知道嗎？」

　「什麼？」

　「賴瑞現在走了，他不會再傷害你跟媽媽，他現在住在很遠的地方，而且他不知道你住在哪裡。」

　「不，他知道。」

　「我不這麼認為。」我平靜地說。

　「你的媽媽沒有告訴任何人你住在哪裡，所以你是非常、非常安全的。」

　「賴瑞可以找到我們。」強尼悲傷地說。

　「你真的很害怕賴瑞。」

「他傷害我。」

「他怎麼傷害你?」

「他放了一根棍子在我的屁股裡。」

「他這樣做是錯的,大人不應該這樣傷害小孩。」 *112*

「小孩是笨蛋。」強尼回答。

「為什麼?強尼,為什麼小孩子是笨蛋?」

「因為他們不能讓壞的事情停止。」

「小孩不是笨的,強尼,他們只是長得小,無法對抗心地不好的大人。」強尼看起來很沮喪。「強尼,你看。」當我抓起一大一小的布偶時說,「這是你,而這是賴瑞,有什麼不同嗎?」

強尼開始用拳頭打那隻大「賴瑞」,並說:「他又大又高,他有鬍子。」

「這就對了,大人既大又高,小孩子則很小。」

「他很壞。」強尼附帶一提。

「是的,強尼,當他放一根棍子在你的屁股傷害你時,他就做了壞事。」

「是啊。」他重複著,把男娃娃轉過來,並用拳頭打娃娃的屁股。

「這個小孩很壞嗎?」我問。

「是啊,他也很壞。」

「發生什麼事?什麼事情讓他很壞?」

「我不知道。」當他把兩個娃娃都踢開時說道。

「還有多久我們可以離開？」

「噢，大概還有二十五分鐘。」

「我想用黏土做一些餅乾。」

「聽起來很不錯。」我說，「我們談了賴瑞、魔鬼及可怕的事情好長一段時間，現在我們可以做餅乾。」

強尼下一會期來的時候有許多急切的問題，「上帝在哪裡？」他問。「人們會說上帝無所不在地看顧著我們。」我說，並在心裡提醒自己要問強尼母親的信仰，及是否向強尼解釋過上帝的概念。他很快地又問到上帝長什麼模樣，我告訴他每個人心中都有不同的上帝圖像，也許他可以畫一幅他認為上帝長的模樣的畫。他思考了很長一段時間後，強尼選了黃色的蠟筆，並在紙上畫滿了黃色的大球。接著，他畫了一個微笑，很顯然地，眼睛不見了（圖4-4）。「上帝是強壯而且大的。」他用一種平穩的聲音說著。「是的，強尼，祂的確是的。」我同意。「但祂不能痛打魔鬼，」強尼說，增加了柔軟的聲音：「也許有時候可以。」

這一次，我又開始談起了夜晚的夢，「記得你曾經告訴我在你睡覺後魔鬼會來找你。」「是啊。」強尼回答。「你可以把你畫的上帝圖畫放在枕頭下面，也許魔鬼就不會這麼常來。」我建議著。強尼似乎對這個主意感到好奇，但是他看起來也很困惑。「你在想什麼？」我問。「我想要影印。」他回

圖 4-4

答。強尼對影印機非常感興趣，我告訴他如何操作，他畫完
畫，有時會把原稿留在我的辦公室，並把影本帶回家，他也印
了第二份的影本給秘書，說：「上帝無所不在，這是上帝長的
樣子。」秘書謝謝他，並把圖畫掛在牆壁上。

　　媽媽報告強尼的惡夢減少了，而且關於魔鬼的談話，現在
通常會以上帝及上帝的力量作為結束，她說強尼有提到自己並
不真的那麼壞，魔鬼可能是在戲弄他。「上帝知道我是真的很
乖。」他告訴媽媽，且媽媽也表示了同意。

114

　　這些好與壞、魔鬼與上帝及被上帝看管與保護的主題持續了一段時間，強尼有一段時期一下關心一下又不關心，我請媽媽監控其觀看的電視與電影，電視上的恐怖片會造成退化：他的不眠症及害怕夜晚重新露面。我也請媽媽在強尼聽力所及的範圍內，不要提及賴瑞的事情（她有時會在與朋友談到兒子發生的事情及奶奶如何不相信他，法院如何沒有起訴賴瑞時，變得非常激動）。

　　我轉而將注意力放在強尼持續的攻擊行為，他不斷攻擊他所認識的小孩，並在幾次的停學之後，被幼稚園開除，他的媽媽請過四位兒童照顧員來帶強尼，但他們全都拒絕繼續照顧，並舉出他對其他同學的無情、殘酷對待。強尼被指出會打人、咬人、踢人、推人及對同儕吼叫，他們嘗試過各種不同方式欲控制其行為，但都失敗了。

　　我直接問強尼：「我聽說你再也不能回珍金太太的學校了，發生什麼事？」強尼敘述他的老師是脾氣暴躁的，同學很笨，他一點都不喜歡那裡，我再一次問他發生什麼事，讓珍金太太要求他離開。

　　最後，他說：「我對其他的孩子很壞。」

　　「你做了什麼或說了什麼壞事？」我詢問。他誠實地說他打了其他孩子並傷害他們。「你認為你為什麼會這樣做？」

　　「我不知道，我就是想這樣做。」

　　「在你做這些事之後，你有什麼想法？」

「沒什麼，就是……嗯，我很壞。」

「你知道嗎，強尼，我希望幫助你停止傷害其他的孩子，你認為我們可以一起努力嗎？」

「我不知道。」他再一次誠實地回答。

115

我假設強尼的攻擊反映了下列之事：他表現出對被傷害及無助的焦慮；他在受照顧環境中感受到潛在的威脅；他仍掙扎於好與壞的困惑中：壞人是有力量的，好人是軟弱、無防衛能力的。他通常只攻擊較大的孩子，當他引起了負面的注意，並因為他的壞受處罰，他可能也會被要求限制其不好的行為。

我首要的處遇是與強尼討論好與壞的力量，我解釋成為與感受到有力量及強壯是很好的，我特別指出有些人會以好的方式運用力量，而有些人則用不好的方式運用力量，我請他幫我想出展現力量的好與壞方法。他很清楚壞的方法，他列出了以下幾點：「讓人們做你想做的事；打別人；欺侮別人；咬別人；踢狗；擁有一百萬元，因為人們會做你想做的事。」他無法想到以任何好的方式來運用力量。當我請他想想變得強壯能有所幫助的狀況，他指出：「搬重的東西。」我同意，接著他起身努力要抬起一個很重的箱子，「我真的很強壯。」他說；「我看到了。」當他把箱子搬出去給媽媽看時我評論道。我告訴她，「這是強尼可以用好的方式來運用力量的方法。」她微笑，了解了我的意思。

在接下來幾次的會期中，我持續提醒強尼運用力量的好方

法。事實上，在一次會期中，我們談論到孩子擁有的力量，
「他們可以把人們擊退。」強尼說。

「是啊。」我提到，「但是小孩子無法擊退較大的孩
子。」

「有些時候他們可以。」

「是的，有時候，不過一旦開始猛烈的推擠，有時候你會
贏，有時候你會輸，想想看何種力量是無法被別人拿走的。」

強尼畫起畫來，玩了玩具賽車，就在他要離開之前，他
說：「我知道……我知道……如果我不想告訴你一些事情，你
也不能讓我講。」

116

「是的，這是你所擁有的力量，你有保有自己想法的力
量。」

當我們確定了這件事，強尼趕上了孩子所擁有的一些力
量，包括擁有自己的想法、感受、運用自己的話、做決定、上
床睡覺或保持清醒的力量。有件事是有趣的，當我們談論到選
擇時，強尼會說：「我可以打某人或踢他們。」我便補充說
明：「是啊，你可以打某個人或是不打某個人。」

強尼的媽媽告訴我，兒童照顧員被要求描述一些強尼的爭
吵行為並報告之。總體而言，強尼的表現變好，而且似乎在被
告知及避免爭吵時有所努力。

我買了一個「波波」（BOBO）放在遊戲室，它是一個大
型的拳擊小丑，向強尼解釋如何使用是不必要的，他立刻就開

心地打它，並讓其反彈以再一次的拳擊。他的精力旺盛，第一次見到這個沙包，他花了全部的五十分鐘在拳擊，拳擊的品質是沒有規則的。兩個星期過後，有一個機會讓這樣無規則的型態得以釋放，強尼在與日間照顧中心的男孩打完架後進來，「他讓我很生氣。」他說，並衝向遊戲室，「我恨他。」

「他說了什麼或做了什麼讓你有這種感覺？」

「他欺負我……他認為他很強壯。」

「有這些感覺的時候你做了什麼？」

「我用力打他。」

我拉開了沙包，要其假裝這是一個小男孩，並表現出他的感受為何。他復仇似地全力猛擊，接著我讓他停下來，並問他：「現在在拳擊中加入語言，如果你用文字代替了拳擊，你會對他說什麼？」他本能地握住拳頭，又打了幾下拳擊。「不要用你的手。」我引導他，「把手握在一起，想想要把史蒂芬擊倒，你會在拳擊的時候對他說些什麼？」

當我指導他說出感受如何時，強尼大聲地叫出：「我恨你。」「你讓我覺得很噁心。」以及「你是一個大蠢蛋。」他看著沙包，用一種適度的聲量陳述：「你讓我覺得生氣，你傷害我的感覺，你嚇壞我了。」當他做了最後的陳述，我問了更多有關害怕的感受，「史蒂芬有什麼可怕的？」當強尼無法回應，我告訴他說出來沒有關係，我希望他可以多想想這些，為了下結論，我說：「就像你打史蒂芬是不好的，他打你也同樣

117

不好；當他打你，他就做了壞事。」「他很壞。」強尼強調
著。「當他打你，他就做了壞事。」我更正他的說法。我希望
能澄清天性為壞人與做壞事之間的差別。強尼掙扎於自己傷人
行為的自責中，接著強尼修正我：「賴瑞很壞，他做了壞
事。」我沒有回應，我請強尼思考史蒂芬有什麼可怕的地方，
我猜最讓他害怕的是被征服的威脅感，他所用的策略就是變得
好鬥，此為對抗威脅的防衛機制。

　　我與強尼見面將近十二次，治療的最初部分全然是反應性
的工作，我們處理了最讓照顧者感到困難的行為，強尼內在的
控制感還未完全發展到足以處理焦慮、害怕及創傷中的無助
感，這些會在與同儕、照顧者及媽媽的正常互動中被引發，我
發展了以下的治療計畫：

　　1. 強尼的遊戲治療

　　　　a. 在治療內、外對攻擊行為設限。

　　　　b. 繼續討論好與壞的行為。

　　　　c. 如果有需要便討論上帝與魔鬼。

　　　　d. 教導其適當與非破壞性表達生氣的方式。

　　　　e. 教導強尼以言語表達生氣的感受。

　　　　f. 討論並解釋孩子的力量，特別是選擇的力量。

　　　　g. 討論害怕與焦慮，以及因應方法。

　　　　h. 討論性的議題。

　　2. 親子互動

a. 幫助媽媽設定限制，此限制需有清楚與合理的結果。

b. 支持與引導媽媽接受受性騷擾孩童父母的支持服務。

c. 與媽媽討論未保護強尼免受侵犯及之後對強尼奶奶生氣的罪惡感。

d. 引導媽媽減少激動及對侵犯事件沒有對象差別的敘述。

e. 引導媽媽提供孩子關於身體安全的具體再保證（例如新的鎖）。

3. 協調

a. 與轉介團體接觸，尤其是討論何種訊息對再次起訴是必要的。

治療中期

當他的攻擊行為似乎減低至五歲半男孩的正常範圍時，強尼變得在言語上提到更多關於性的話題。有一次，他瞄了一眼我的「身體構造正確娃娃」（anatomically correct dolls）^{譯註}，開始探索男娃娃的身體（他似乎對女娃娃沒有興趣），他通常只會花幾秒鐘探索，之後便會推開娃娃。

在這個治療的時間點上，強尼將注意力轉向娃娃，會選擇較小的男性娃娃，並會讓它們完全不穿衣服，接著他會將自己

譯註　類似台灣的徵信娃娃，有生殖器官。

的手指插入娃娃的肛門中,並往內推。在這個遊戲中,他不發
一語,避免與我有眼神的接觸;再來,他會脫掉成年男性娃娃
的褲子,很小心地讓褲子垂在娃娃的腳踝邊,他將小娃娃放在
自己的肚子上,並讓大娃娃躺在小娃娃上面。過了幾個禮拜,
他將成人娃娃的陰莖放入了小娃娃的肛門中,在這段期間內,
他的媽媽與照顧者指出其自慰行為逐漸增加,並會講許多「髒
話」。我注意到,強尼在這些性遊戲中變得非常緊張,他會屏
119 住呼吸,呈現解離的狀態,他的遊戲總停滯在將陰莖插入小娃
娃肛門的那一刻。

　　在我連續觀察此行為的先後順序十次之後,我決定要介
入,在下一次他玩性遊戲時,我評論:「賴瑞把他生殖器放進
你的屁股裡是錯的。」強尼非常驚訝地望著我。我說:「我希
望能告訴賴瑞我的想法。」我繼續說著,「這樣做你可以接受
嗎?」他默許。「賴瑞,你把生殖器放在強尼的屁股裡是大錯
特錯的,大人這樣對小孩就是做壞事,你讓強尼感受到許多事
情,例如你讓他覺得……」我猶豫了一下,屈身靠近強尼,低
聲說:「他讓你感覺到什麼?」「生氣。」強尼含糊地說。
「強尼很氣你,賴瑞,因為你傷害了他,對他做了壞事,你也
讓他覺得……」我重複暗示強尼,他又再次咕噥地說出:「害
怕。」我這樣與賴瑞對話了一陣子,強尼開始能自願地說出其
感受,例如受傷、困惑、不好的、哭、躺著、跑、假裝及「我
不能移動」。

在之後的會期中，強尼脫下成人男娃娃的褲子，並開始拉長娃娃的陰莖，長到足以伸到腿後面，插入自己肛門中，不過這樣的嘗試沒有成功，最後強尼將娃娃轉過身，並將一名玩具兵的小刀插入成人娃娃的肛門中。「用語言說出這一切。」我建議他。強尼說：「我恨你，我希望你被傷害，你覺得很糟。」我確認了這種感受而非行為：「你很生氣，而且希望他能感受到跟你一樣的痛苦，告訴他你的感覺如何，告訴他能讓你更強壯。」他大聲辱罵了一會兒，似乎對此很滿意，他把賴瑞娃娃丟到牆上，並在沒有引導的情況下，他說了：「你很壞，因為你傷害我。」

兒童保護服務機構（CPS）打電話給我，因為強尼的一位朋友告訴他媽媽，強尼在浴室裡把他的褲子脫掉，很顯然地，強尼請求要看朋友的私處，當朋友拒絕時，強尼就用力把他的褲子脫掉。「強尼，」我平靜地問，「你有把馬克的褲子脫掉嗎？」

「沒有！」他生氣地說，「誰告訴妳的？」

「嗯，馬克的媽媽發現了這件事，她打電話給彼德斯太太，因為她不希望任何人傷害馬克。」*120*

「我沒有傷害他。」強尼說，「我可以傷害他，但是我沒有，我只是想看。」

「你想看什麼？」

「我想看他的小雞雞。」

「為什麼？」我堅持地問著。

「因為……」

「嗯哼？」

「因為我想。」

「強尼，我想跟你做個約定，當你希望看生殖器，或是談生殖器或摸生殖器，我希望你能過來並與我談談，把小孩的褲子脫掉、看他們的私處或摸他們的私處是不好的，但是我們可以一起談談這件事情。」

「好吧。」他不高興地說。在從他媽媽處獲得資訊之後，我打電話給學校，並告訴老師我希望她能監控強尼的遊戲，不要讓強尼單獨與其他孩子去廁所。她告知我強尼與其他孩子單獨在廁所，導致CPS的通報，事實上只是一個單一事件。強尼沒有忘記我會提供對生殖器或性的討論，當他第一次要求「看」私處時，我拿出了一幅身體構造的圖畫（Groth, 1984），並讓他看了一幅年幼男孩的裸體圖，將這張男孩的圖片影印。強尼每個星期都要一張乾淨的影本，當他看著這張圖，他笑了，他會摸摸畫裡的生殖器，並用蠟筆遮住裸露的身體。後來，他總是把這幅畫揉皺並丟進垃圾堆中；最後，強尼問我是否有成人男性的畫，我拿出一些身體構造圖片的影本，他注意到男性成人有陰毛，他用黑色的蠟筆塗蓋了成年男性身體的中央部位，接著在圖畫四周畫了一些紅點。當我請他告訴我跟這幅畫有關的事，他回答：「賴瑞割他自己的毛。」他微

笑，並說很高興賴瑞被傷害了，接著把畫刺了一個洞，強尼似乎釋放了無法阻止虐待與賴瑞虐待他的氣憤，我常常在聲明賴瑞傷害他是錯的，但是觸摸或傷害其他人的私處也是不好中結束會期。

121

　　強尼在幼稚園班級及放學後的日間照顧方案中的攻擊行為減少，不過，他不是一個隨和的孩子，他的舉止是反抗的，如同老師所言：「若你說這是溫暖的，他就會說這是冰的。」這樣的傾向在治療中也很明顯，對強尼來說，每件事是正確的很重要，且在任何時間裡他都有自己的方式。他表示做過從跳傘到與查理王子一起打過曲棍球的每件事，他的媽媽發現了這點，認為此特別令人煩惱，常常指控他為一個騙子。

　　需要無時無刻地掌控，似乎是強尼管理任何焦慮或無助感的方式，雖然他不再打小孩或在身體上擊敗他人，但他卻常常與人發生言語上的爭吵，結果孩子們不再找他出來玩，他常常感到孤立與被拒絕。這種感受使他培養了一些防衛機制，包括他在宣稱不喜歡任何人，也不在乎是否有任何喜歡他時採取不讓步的姿態。自從他的社會互動變得如此麻煩，並造成其他人持續不滿的反應後，我決定讓強尼參與有外顯行為問題的小男孩團體，他一開始非常抗拒參加，不過到了第三次團體，他已經與團體中其他五位男孩發展了友誼關係，並似乎期待有更多見面的機會。

　　這個團體提供強尼與其他同齡受性侵害男孩接觸的機會，

在團體會面後的第一次個人會談，強尼向我宣布：「壞事也發生在這些孩子身上。」孩子們被允許及被鼓勵談論他們的被侵害經驗，並可對男孩受害者關心的特定議題問問題及處理，這些議題包括無助與對同性戀者的恐懼，孩子們分享共同的害怕、焦慮及一些相同的問題，如對強壯或有力量的掙扎。此外，所有的孩子都從一些對自我形象、自尊、攻擊與性的探索中獲得幫助，當他們先前已早熟地學到什麼樣的性觸摸是不正確的，團體領導者提供了安全及適當身體觸摸的資訊。

122

當團體衝突產生，他們會很快地處理。男孩很快地有所連結，這樣的結果在個人治療中立刻顯而易見。舉例來說，強尼很直接地問我：「你是怎麼變成同性戀的？」明顯地，即使在他這樣幼小的年紀，會擔心被侵害後可能象徵著同性戀。我把問題拋回團體中，並與強尼的媽媽及團體治療師商議了我們都同意的回應方式，這個決定就是告訴強尼沒有人因為在小時候受傷害就「變成」同性戀。同樣地，孩子也不會因為任何特殊的原因被挑選要受到傷害。

治療的第一年持續傳達攻擊、性、社會與同儕互動、受害者與侵犯者的雙人關係、無助及增權的主題，強尼發展了一些防衛機制因應同儕的拒絕，這些拒絕會增強他被污名化的感受。

一個未預期的事件改變了治療的過程，媽媽決定要送強尼至友人處度假（該朋友有一名與強尼同齡的小孩，這兩個小孩

在學校就已經發展了強烈的關係，直到友人搬至附近城市後才中斷）。在這次拜訪期間，一位沒有關係的成年男性也在這個家庭度假，他在午夜時強暴了強尼。在至機場接強尼之前，媽媽絕望地打了電話給我，強尼在受虐後於早上打電話給她，告訴她所發生的事，朋友家尚不了解強尼突然決定要提早回家的原因，媽媽希望在告訴他們更多事情之前先見到強尼，而強暴犯在清早就已經離開了那棟房子。

　　強尼直接被帶至醫院，檢查結果發現強尼被雞姦，且由大量的內外傷證實了強尼被強暴犯毆打的事實。在醫療檢查後，強尼立刻被帶到我的辦公室，他走進遊戲室，抓起了一隻大的填充兔子娃娃，非比尋常地，他躺在枕頭上。他的身體及情緒都非常疲倦。「我很遺憾你受到傷害。」我說，「我看到你想休息……我會坐在你旁邊……如果你想說話，我會聽。」他閉上眼睛，似乎快要睡著，我安靜地坐在他身邊，共享他的痛苦與疲倦。

　　強尼在接下來四個月的治療中不同於在其他會期中的表現，他很安靜，身體保持不動且沒有反應，他的眼睛深深地低垂，總是在進入遊戲室後躺下，他完全封閉了自己。他手臂上的瘀青開始消失，但是他內在的恐懼卻相當明顯，曾得到的一切都不見了，這是絕望的時刻，任何想與強尼互動的努力都是白費的，他對與我、與媽媽或環境的接觸失去了興趣。他需要被協助才能站起來、開門及尋找媽媽，他陷入深深的憂鬱並需

要大量的睡眠，他瘦了十磅，使得外表看起來相當虛弱。

我決定帶強尼走出辦公室，我們去公園，雖然他不會去溜滑梯或盪鞦韆，但我們就是手牽手在公園裡四處散步。我停下來餵鴨子吃爆米花，注意到強尼在沒有提醒的情況下，也會吃一些爆米花，他似乎很喜歡公園，因此我要求媽媽試著與強尼從事一些戶外的活動，即使他表示他比較想待在室內。媽媽無法讓強尼走去公園。自從強暴發生之後，強尼便對媽媽疏遠並有敵意，我的解釋是強尼對媽媽無法保護他免於再次被強暴感到生氣。一週兩次的戶外會期相當成功，強尼的身體變得較少受限，終於能跑步與跳躍，他一次又一次地跑在我的前面，最後他玩起躲迷藏的遊戲，不再顯得焦慮；他還會爬樹，展現其健壯的身體力量。

在強暴事件發生約四個月後，強尼的媽媽出席了法庭的審訊，強暴犯被判刑入獄，強尼驕傲地宣告：「這個人進監獄了，我希望他們在監獄裡把他殺死。」

「你很高興判決把他送進監牢。」我說。

「是啊，現在我希望他們可以殺死他。」

「你希望他能跟你經歷一樣的傷害。」

「對，我希望有人能傷害他。」

「他傷害你是錯的，強尼。」

強尼似乎想待在遊戲室，賴瑞娃娃現在被交換使用為「那個人」娃娃，強尼會把娃娃從櫃子上拿下來，爬上沙盤把它放

下，他也會把娃娃放在椅子後面或藏在枕頭底下，「他在監獄裡。」他會這樣宣布，並會丟大猩猩、士兵、恐龍與忍者龜去傷害「那個人」，「我們還是會讓他出來的。」他小聲地說，有時候他會讓娃娃一週又一週地被埋著，有時候他會在離開時把娃娃放回櫃子裡。他常常會問：「賴瑞也在監獄裡嗎？」我誠實地回答不知道，有時候他會重複說著：「賴瑞很壞」，在他「真的很小的時候」傷害了他。當我問他是否記得賴瑞怎樣傷害他，他說他再也記不得了。他常常說賴瑞是「撒旦的兒子」，並擁有「即使是神都無法阻擋的真正力量。」當強尼變得害怕夜晚，他常常會敘述一種特別的害怕，是賴瑞會出現並「綁架（他）去一個非常黑的地方，在那裡再也沒有人能夠找到（他）。」

討論

　　強尼是一個重複創傷的受害者，受創傷後壓力症候群所苦，包括了情緒性、作惡夢、身體知覺、害怕與焦慮及侵入性的倒敘形式。這些症狀會以大量的行為呈現：攻擊與性化行為、黏結與退化、在好與壞之間的表達衝突（撒旦與上帝），及受傷的自我形象，包括感覺白己有與生俱來的壞。第一次的強暴造成了嚴重的傷害，並在短短十二個月相同的創傷重複發生後更加惡化，強尼已增強的幸福與控制感，卻因為無法保護自己免於二次強暴的無力感而大大地減少，他的過度警覺性增

加,並伴隨著憂鬱與缺乏希望的深沉感受。

　　幸運地,在第二次強暴時,我們已經建立了良好的治療關係,強尼能在不必擔心我的情況下接受治療與復原。治療的階段是修復性的,焦點於強尼身體與情緒的治療,第一次的強暴使他震驚並害怕,而第二次的強暴則擊垮了他,使他產生了徒勞無功之感。

　　強尼有一段時間會有無助的感受與行動,為回應這方面,我鼓勵他自主,指派其容易完成的任務,並讓強尼有戶外的會期,幫助他藉由走路、跑步與攀爬建立身體的力量與敏捷度。

　　其他的治療階段產生於當強尼對其他孩子表現出性化及攻擊行為時,為了協助他這些會引起他人負面與拒絕反應的無報酬互動,我讓媽媽帶他參加團體治療。在這個小型的、受控制的環境裡,他的互動可以被小心地監控,且治療師的處遇是一致且適當的,團體經驗聚焦於教導與獎勵正向行為,並提高了強尼的自我認定與自尊;在團體的場合中,治療師也教導團體成員有關性及孩子之間適當的觸碰類型。

　　最後,由於媽媽對自身受性虐待經驗的發現,因此強尼與媽媽的關係仍然是令人苦惱與複雜的,她對兒子有矛盾的情感,並對無法保護他有罪惡感。

　　治療的過程包括個人治療、團體治療、家族治療,以及治療中的兩次「休息」,第一次休息是在暑假,第二次則與強尼的社會行為有明顯進步及穩定增強的自我有關。治療也有退化

的時期，強尼曾得了盲腸炎，並在手術復原時勾起了被強暴的　　*126*
回憶，因而經歷了無助感，隨之的是身體及情緒脆弱的感覺。
他的復原是緩慢的，會被媽媽掛念的行為所刺激；此外，在強
暴的週年紀念日，有時候會有意識地出現一些行為，會喚起煩
躁不安的感覺及／或外顯的行為。

127

第三節　安東尼：多重創傷的孩子

轉介資訊

安東尼被社工轉介治療，安東尼遭受身體虐待、性虐待及疏忽，依據法院的判決，安東尼目前住在特別的寄養家庭中。

社會／家族史

安東尼為說西班牙語的孩子，轉介時九歲，是五個孩子中的一個，每個孩子都有不同的父親，三個較年幼的手足已經被收養，安東尼與十五歲的姊姊，莎拉，分別長期安置於不同的寄養家庭中。

安東尼的父母，喬斯與盧貝，只有過短暫的關係，在喬斯於一次毒品交易被槍殺後突然地終止。盧貝有許多次短暫的邂逅，她的孩子從來沒有接觸過他們各自的父親。

128
　　盧貝從少女時期就開始吸毒，她曾被父親性侵害，當她揭露這個事實後，便被逐出家門，她被媽媽與姊姊叫成妓女，並被告知再也不准回家。她告訴社工之後，便斷斷續續借住在女性友人處，最後遇見了一個男人願意接受她、養她、送她衣服，並不求回報。結果不幸地，這個男人是一個拉皮條的，盧

貝被介紹進入了洛杉磯的街上「工作生活」，盧貝表示她第一次接觸到大麻，是因為一個「騙子」讓她很快地享受到麻醉的快感。她發現如石頭般地冷漠可以讓她變得麻木，而她很享受這種感覺；從此她開始每天吸大麻，並在最近兩年內變成多樣毒品的使用者，她以性來交換毒品。

撇開毒癮與從娼不談，盧貝對兩個年長的孩子只是偶爾提供最低限度的照顧，她偶爾會付房租並與孩子同住，有些朋友會提供他們暫時的落腳之處。她總想要留著孩子，並會緊緊地抓住孩子，作為她很愛孩子的證明；她認為讓較小的孩子被收養，是她把自己貴重的禮物送人。在她生完最後一個孩子後，她做了輸卵管結紮，這個孩子因為盧貝的吸毒而有嚴重的腦部損傷。

盧貝週期性地加入了毒癮治療方案，她目前參加了政府的毒癮住宿復健方案，她的預後情形是在監控中的，近兩年她個別探視了較年長的兩個孩子，均不超過三次。莎拉在同一個寄養家庭已經四年了，對寄養父母適應良好，寄養父母表達了收養她的興趣，但盧貝抗拒讓她的第一個孩子被收養。

安東尼在寄養家庭的經驗是不穩定的，他待過約八個不同的寄養家庭，曾經有一次被考慮收養，不過盧貝也拒絕讓他被收養，所以並未進入終止親權的那一步。安東尼在寄養照顧中有許多令人困擾的行為，有一些寄養轉移是寄養父母突然要求的。 *129*

當治療開始時，安東尼因為偷了寄養家庭的錢而被轉到一個「特殊」的寄養家庭；社工不認為孩子的偷竊行為代表「孩子在安置上失敗」，並對安東尼的「外顯行為」尋求治療。

臨床印象

安東尼是一位瘦小、害羞的男孩，其動作是受限制的，並常常是無精打采的。他很少說話，動作緩慢，似乎抗拒待在我的辦公室，寄養媽媽表示他曾經把自己鎖在房間裡面，拒絕接受治療。最後是因為她給他二十五分錢去玩家附近的錄影帶機器，安東尼才默默地走出房間並前來治療。

我在與安東尼會面前先與寄養媽媽羅太太見面，她描述安東尼為安靜、害羞的孩子，似乎「完全封閉了自己」。她表示在我們見面的此時是還沒有問題的，也附帶提到社工警告她，安東尼在剛到一個新的寄養家庭時，通常是他表現最好的時候；羅太太也提到安東尼在用餐時間都不吃東西，但會不斷地突然搜括冰箱的食物；他的睡眠模式是不規律的，她常常在晚上醒來時，發現他正聽著收音機或讀他帶來的一些漫畫書；他似乎喜歡超級英雄，在這個年紀的孩子中是常見的。

她所注意到最困難的問題是安東尼的衛生問題：他玩得很瘋，流一大堆汗，並拒絕洗澡，與她在一起的兩星期內，他只洗了一次澡，且只在有獎勵的時候才會發生。他會從洗衣籃找髒衣服穿，連續三、四天都穿同一件衣服。羅太太沒有強制要

求他改變，只對此行為提出建議；我告訴她，沒有堅持要安東尼洗澡或改變是對的，並且我也會在與安東尼見面，多認識他一點後就給她一些建議。　*130*

羅太太是有四年經驗的專業寄養媽媽，她的家獲得了可以照顧四位需要特別關注孩子的許可。當安東尼安置在她家時，家中尚有兩位年紀較小的女孩。根據寄養媽媽的報告，安東尼會攻擊在其他場合的男孩們，但似乎是保護女孩子的。

治療的開始階段

安東尼一開始並沒有顯示任何外顯行為，社工反覆告訴我她的觀察，安東尼總是給人很好的第一印象，之後就會發展出令人難以相處的行為。

一開始，安東尼是安靜、不活潑的，他進入遊戲室後並未呈現出興趣或熱情。他沒有要任何東西，只是拿起一本書來讀，在大部分的會期中，他不斷地閱讀，很難有與我互動的時間。他很少說話，與我沒有眼神的接觸，也不要求要玩隨手可得的玩具或櫃子上的娃娃，我唯一對他做的註解是：「我是一個孩子可以說話、也可以分享他們想法與感覺的人。」除此之外，我還說：「很多孩子一開始並不喜歡來這裡。」我解釋了計時器的鐘聲會在他要離開的時間響起，當鐘聲響起時，他似乎不以為意，明顯對離開或留下沒有任何意見。

我決定以非指導的方式與安東尼相處，他經歷許多次安

置，遇見各式各樣的新環境與照顧者；根據社工所言，他被警察與兒童保護機構的人員會談過無數次，有一些寄養父母不屑地表示，安東尼「從來不會有所回報，只會惹麻煩」。他被標籤為「不合作、任性與自私的」；很顯然地，他的照顧者期待的是一個相互的關係，而安東尼卻沒有參與社交的動機。

131　　我的非指導取向是為了尊重安東尼的依附失序，我不期望他會信任我或對又是另一段短期關係有興趣，我的工作是在他的生活中變得值得信賴，並始終如一。

　　前三個月每星期的見面並沒有什麼值得注意的，安東尼會自己帶書來讀，安靜地玩小車車碰撞在一起的遊戲，用隨身聽聽音樂，常常忽視我的存在。我坐在附近的地板上，玩著平行式的遊戲，有時我會讀書或畫畫或從櫃子拿小車子下來檢查。我注意到整個會期中他維持力量的姿態，我可以了解照顧者在面對其冷淡卻氣人的行為時會感受到的困難。

　　在治療的第四個月，羅太太因急診手術住院，她的妹妹搬來作暫時的照顧者。這個事件引起治療的第一個轉變，安東尼急促地來到遊戲室，坐在大枕頭上，並將手交叉於胸前，「我恨她。」他宣告著。「你恨誰？」我問道。「羅莎——她認為她可以管我，但是她不是，沒有人能管我，幹那個婊子！」我從來沒有聽過安東尼說這麼多話，並有這麼多情感，我感到很高興。

　　「你不喜歡羅莎告訴你要做什麼。」

「去死，當然不喜歡，如果她再不停止，我會讓她瞧瞧什麼才是對的。」

「你現在的感覺是什麼，安東尼？」

「我很生氣。」

「你在生氣什麼？」

「羅莎，她認為她可以叫我做事。」

「她說了什麼或做了什麼讓你覺得生氣？」

「她說我必須要穿乾淨的襯衫去學校，我不喜歡這樣，如果我很乾淨，我會覺得自己很遜。」

「羅太太在家的時候，你通常都做些什麼？」

「她讓我自己決定。」

「也許羅莎不知道。」

「她不會聽我的，她認為她很聰明。」

我冒了一個大險，「安東尼，我讓羅莎進來這裡幾分鐘，讓我們看看能不能讓這件事有好的結果。」

「去死，我不要，如果她進來我就出去。」

「安東尼，你不用做任何事或說任何事，只要讓我看看我是不是可以幫助她了解。」

132

「她不會的。」

「嗯，讓我試試看。」

我走出遊戲室，與羅莎說話，告訴她我了解她同時要擔心姊姊、又要照顧這些想念姊姊的孩子有多困難，她流下淚來，

並認為她不了解發生了什麼事，我提議如果她能安排好年幼孩子的照顧，隔天希望能與她會面。我問她是否有察覺到安東尼在生氣，她說並沒有察覺到；雖然他一向為了某些事繃著臉，但她不確定是為了什麼。當我解釋有關襯衫的事，她記起來這個發生在早晨的事件，但是不知道這件事對他這麼重要，我熱切地要增進羅莎與安東尼之間的正向交流。

　　我們都坐了下來，我說：「安東尼很生氣，因為他希望能自己決定要穿什麼去學校。」羅莎主動地說：「安東尼，對不起，我不知道你可以做決定……我覺得那件襯衫看起來有點髒，我不希望你在學校覺得丟臉。」安東尼坐著，手臂交叉，並沉默著。「安東尼很善於傾聽，而且很專心，他不常用文字表達他自己。」我告訴她。

　　「我知道那種感覺。」羅莎補充道，「我跟不認識的人在一起會變得害羞。」

　　我趁此機會跟羅莎說：「羅太太在醫院對妳而言一定很辛苦，妳一定很擔心。」「她會好起來的。」羅莎回答，「這件事是那麼突然。」「我不喜歡意外，」我說，「對孩子而言更是加倍的困難，因為在他們的生命中已經有太多意外的事。」

　　羅莎離開了，安東尼脫口而出：「是因為妳在這裡，她才表現這麼好。」

　　「嗯，我很高興你不必再因為學校的衣服生氣了。」

　　「不管怎樣我都不會再穿它們了。」

「還有什麼事是讓你生氣的嗎，安東尼？」

「沒有了。」

他把車子拿下來，並讓車子撞上牆壁；此時，他的身體不再那麼緊張，出人意表地，他說：「下星期見。」 *133*

不過，從這次會期後，我們開始了言語的對話，羅太太有三個星期不在家，當她回家時，有一位居家護士寄宿家中以提供協助。羅太太回家時給了孩子們一些小禮物；安東尼把他的禮物帶來：是一副跳棋，而且是全新的。顯然，這也是他第一次擁有全新的玩具，他很興奮地告訴我，外面有一層塑膠的包裝紙，是他自己把包裝紙給拆了。他馬上玩了起來，專注在每一步棋的移動，當他贏的時候會非常得意；而當他輸了的時候，他會急著再玩一次，但他不常輸棋。

雖然治療有所轉變，安東尼能與我談論他的生氣，但他仍持續限制其情感的表達，我運用了一組展現許多感覺的臉譜卡，我想安東尼能選擇卡片來描述他對人們或情境的感受，而我對他能以不同方式運用卡片的能力印象深刻。我將此副牌用包裝紙包好，並告訴安東尼我放了一個新東西在信箱裡，他很好奇，並打開了信箱。一開始，我們玩抽牌的遊戲，互相告訴對方何時有卡片上所描述的感覺；接著，我請安東尼運用卡片來溝通，例如，我問：「當羅太太住院，你有什麼感覺？」他選了三張牌：「生氣」、「難過」與「失望」。

「我記得當羅太太住院，你來看我的時候你有多生氣，你

記得嗎？」

「記得啊。」

「那天你很氣羅莎要你穿乾淨的襯衫。」

「沒錯。」

「你認為你還在生什麼氣？」

「我的寄養媽媽去醫院了。」這是第一次他叫他媽媽，他已經與羅太太建立依附關係，或許是對其溫和、非侵入的方式有所回應。

「我能了解你對這些事生氣，安東尼。」他已經到達他的忍耐限度，並把跳棋拿出來。

治療計畫

1. 保持一致性；變得值得信賴，避免取消或重新排時間。

2. 非指導性的：給安東尼自由，不要打擾他。

3. 評估潛在的憂鬱。

4. 記錄遊戲的主題及順序。

5. 介紹非侵入性的互動，以及平行遊戲。

6. 協助其表達情感。

7. 長期的目標：討論對原生家庭、父親被槍殺、手足被收養的感覺。

8. 每個月或必要時與羅太太見一次面。

9. 持續與社工保持聯絡，了解與寄養安置、媽媽的治療計

畫及任何團聚計畫相關事宜。

治療中期

「感覺卡」仍是安東尼與我之間很有效的溝通工具，而其他的技術也變得很有用。安東尼發現了玩偶，並說起了故事，他會在某物的背後緩慢地爬行，並將玩偶舉得比自己高，其所說的故事充滿了豐富的象徵性。他所喜愛的其中一個故事如下：

兔　子：歡迎來到我的驚奇之地，在這個世界裡許多事都
　　　　會發生，但是我不能說得太多，有人來了，我必
　　　　須要走了。

蜘　蛛：嗯，我的囊中儲存有一些驚奇，我是一隻狼蛛，
　　　　我有很強的毒液，我會跟在人後面快速地攻擊。
　　　　死亡是很快的，沒有人知道死亡是怎麼造成的，
　　　　我以死亡讓他們驚訝。我有很大的致命力量，我
　　　　跑得很快，沒有人知道怎樣才能抓到我，他們只
　　　　能用看的。

泰迪熊：阿哈，多麼美好的一天，太陽高高在上，天空藍
　　　　藍的，蜂蜜在樹上，好吃好吃。啊！那是什
　　　　麼？？？好痛！（牠倒在地上死了）

松　鼠：阿哈，多麼美好的一天，太陽高高在上，天空藍

135

藍的，堅果在樹上，好吃好吃。啊！那是什
麼？？？好痛！（牠倒在地上死了）

兔　子：你在這裡真的必須要很小心，就算你看不見，四
周圍仍充滿著危險，我要保持很高的警覺。看看
我的肌肉，我必須要去練練肌肉，我要離開了，
因為我一向都知道何時應該要走，而現在正是時
候。

在這個故事裡有一些相關的主題，在故事中有一個被察覺
但又被隱蔽住的危險；此危險以蜘蛛為象徵，是致命而且能快
速攻擊的，蜘蛛享受殺人的力量，似乎會尋找較脆弱的目標
（以松鼠及泰迪熊作為象徵）。

雖然安東尼的故事總是反映了危險的環境與潛在的死亡，
但在治療的中期，他發展了兔子的角色，兔子總是能說這個故
事，並總是可以逃走。兔子總是過度警覺、充滿資源，並熱衷
於發展身體的力量；這是一個很好的預後徵兆，表示安東尼由
習得的無助變成增權感的加強。此外，這個故事也反映了樂觀
主義，而非徒勞無功。

在整個治療中期，兔子不斷地出現在各種故事中，牠遇到
了地震、洪水與其他的大災難，牠總是能逃脫，有時候真是千
鈞一髮，牠的身體力量讓牠能躍過很遠的距離，打敗許多敵人
並攀爬很陡峭的高山。同一時間內，安東尼在足球隊裡保持優

勝的紀錄，他非常興奮於其有待商榷的踢、跑及運球的技巧，他的自尊與信心因為被隊友宣布他有能達到目標的傾向而大大地被增強，安東尼深深地享受贏的滋味。此外，羅太太出席了每一場比賽，說明了安東尼沒有被忽視的事實。

136

安東尼繼續避免說出他的感覺，在同一時間，他非常善於接受其他的溝通方式。我常常畫一個男人或女人，上面有圓圈，就像漫畫家畫其主角的對話一樣。「這是誰？」我會問安東尼，他則會自動命名，例如他的寄養媽媽、老師或他喜歡的女生。他有時候會引導我畫一個「穿空手道衣服的小孩」，接著會透過這個角色說話。有一天，我畫了一個女人，旁邊有一個小孩。「這是你，這是你媽媽。」我說。我坐回去並說：「我想知道你會跟你媽媽說什麼，還有你媽媽會跟你說什麼。」他在漫畫媽媽的圈圈寫著：「你的確很強壯。」自己的圈圈則留白，媽媽的話題對安東尼而言非常沉重。

在一次難忘的會期中，我說了一個松鼠媽媽與松鼠寶寶的故事，故事內容包括松鼠媽媽非常愛她的寶寶，但卻總是把他拋在後頭，忙於必須完成的工作責任與緊急的約會。小松鼠非常困惑，一個媽媽怎麼能愛寶寶卻又留他一個人呢？「當然不行。」安東尼說，「她有一堆藉口。」安東尼既害怕討論媽媽，卻又希望能討論，此象徵了他想要與需要的距離。「我不想再談這個了。」他說，他突然開始踢沙包，這是一個開始。

下一次會期，我把小松鼠放在枕頭下面。「看。」我告訴

安東尼，「寶寶真的覺得很難過，他很想念他媽媽。」「我知道。」他說，「我們讓她回來。」「好。」我同意（在這個主題，我跟隨著他的帶領，不論他想去哪裡）。他拿起了松鼠媽媽，並把她帶出去。「好了好了，停止你的胡說八道。」他用很高的聲調說著，並把媽媽帶到枕頭邊：「你必須要照顧自己，我不會總是在你身邊。」我跳進來問安東尼，寶寶應該說什麼，他低聲告訴我，應該要讓寶寶說些什麼，我轉達了他的訊息：「媽，我太小了，不能靠自己活下來。」媽媽很嚴厲地說：「不，你不是，你是一個男生，你必須要很強壯，如果你不強壯，其他人就會傷害你，讓你成為人肉餡餅。」我問他寶寶要如何回應，而他不知道，我啜泣了起來，讓松鼠寶寶說：「媽咪，請不要離開我，我希望妳在我身邊。」安東尼把松鼠媽媽丟到牆上，角色扮演的遊戲突然地結束了。我等待著，安東尼走向角落，並坐在那裡，把臉埋進手裡，他似乎在哭，我不想做或說任何事，以免阻斷了他第一次表達出失去媽媽的真切悲傷；最後他說：「為什麼我媽媽不能照顧我？」

「你認為為什麼呢？」我輕聲地說。

「她不能停止吸毒。」

「對了。」我說，「因為她吸毒，所以她只能勉強地照顧自己，更不用說要照顧你了。」

「狗屎……為什麼她這麼笨？」

「你可以對她生氣，安東尼，你希望她當你媽媽。」

137

　　「她真笨。」他繼續說，「她遇見那些吸毒者，還把他們帶回家，他們會付錢給她，跟她發生關係，真是噁心死了。」我常常懷疑安東尼有看到媽媽從娼，因為有人曾經在無意中聽到他跟其他孩子發表對性的詳盡看法。「你很擔心她可能會受傷，是嗎？」

　　「有一次，」安東尼獲得動力，「有一個人在打她，我拿了一個瓶子砸在他頭上，然後我跟我媽媽就逃走了。」

　　「你有些時候要照顧她，安東尼。」

　　「我們可以出去外面嗎？」他問。

　　「當然可以。」我回答，「我知道談論你媽媽是很困難的……你對她有許多各種不同的感覺。」

　　在這次見面之後，對安東尼而言，討論媽媽變得容易多了，當他想說或問某些事或問有關媽媽的事，他就會抓起小松鼠：「你覺得她想我嗎？」他由衷地問。

　　「我確定她會想你。」

　　「我會再跟她住在一起嗎？」他在另一時間問到。

138

　　「我真的不知道。」我告訴他，「這要看她是否能戒毒，並學會照顧她自己。」

　　在另一時間他又問到：「你認為我幾歲的時候可以跟她住在一起？」我很遺憾仍要再給他一次「我不知道」的答案。

　　當安東尼打開了這扇門，我與他商量我們在早期會期中曾有過的點子：「你覺得寫一封信給媽媽如何？」當他問我這是

什麼意思時，似乎是充滿防備的，我解釋我們一起寫封信是有可能的，而他之後可以決定是否要寄這封信。我最近與社工接觸，了解到安東尼的母親在戒毒後參加的復原方案中有進步，社工快速地警告我，媽媽總是在治療的早期有進步，我們討論如果方案繼續，我們可能可以安排在我的監督下，讓安東尼與媽媽之間有電話或面對面的接觸。

　　安東尼與媽媽接觸似乎具有可行性，安東尼自己有很大的進步。他更能溝通、表達自己的感覺，他也與寄養媽媽有很好的依附關係，並加入學校的足球隊。他的攻擊行為減少，並加強了個人的衛生習慣；最重要的是，他信賴治療，並視治療為對自己的幫助，他常常會將問題與關心的事帶進治療中。他總是告訴我有關在學校與朋友、老師爭吵的事，也會把學校的考卷與成績單帶來，得意地展示有進步的科目。安東尼對持續的寄養安置、治療、空手道課程及其他寄養媽媽鼓勵的活動（如主日學校）有善意的回應。他交了朋友，瘦了八磅，並隔一天洗一次澡。此外，羅太太的狗生了小狗，其中的一隻小狗送給安東尼作為在家的合作精神與有助益態度的報酬。很明顯地，羅太太與安東尼之間發展了一種特殊的連結，也許是因為他們共同的文化背景使然。

　　我擔心安東尼的進步是否會因為與媽媽的接觸而受阻礙，他的存在感才重新被找到，還相當脆弱。雖然正面的改變已經發生，但能否持續維持卻是未知數。如果安東尼能運用新技

術，並以嶄新的自信面對挑戰、失望與未來的困難，則他將能
被其力量所增強，而非被生活中的困難所壓垮。

安東尼在決定寫信給媽媽之前，費了一番長而辛苦的思
考，當他拿起信紙時，很明顯地非常慌張。好幾次他簡單地
說：「我沒有事情要說。」我鼓勵他：「我保證你會想到一些
事。」他的第一封信非常簡短，但他似乎很渴望再嘗試一次。
第一封信如下：

「親愛的媽媽，妳好嗎？已經過了很久，也許妳可以寫字
了，安東尼。」

第二封信：

「親愛的媽媽，妳好嗎？我想妳，我希望妳正在吃好吃的
食物。」

第三封信：

「親愛的媽媽，我有些時候會想妳，妳好嗎？」

安東尼沒有堅持下去，他對媽媽沒有接觸的興趣。不過他
媽媽被諮商員鼓勵，決定要寫信給安東尼，他在收到信的三個
星期後，把信帶來給我看。「我媽媽寄給我這封信。」

「噢。」我回答，「她說些什麼？」

「我還沒有讀。」

「我了解了。」我回答，繼續非常小心地問：「你想，你
會在什麼時候讀這封信？」

安東尼沒有猶豫地回答：「我希望妳唸這封信。」

我說：「你希望我唸給你聽。」他轉過身去，並含糊說著正面的回應，我打開了信，並大聲地唸出來：

140　親愛的東尼：

　　寫信給你似乎是件奇怪的事，我閉上我的眼睛，想到我最後一次看到你的樣子，我很高興聽到你在寄養家庭過得很好，我有打電話跟社工談，她說你和莎利塔都表現的很好，這就是我對你們兩個的期望。我正在學習了解我自己，如何不再犯過去犯下的錯。有一件事我希望你能知道，那就是我絕對沒有停止對你的愛，也希望你的生活能過得更好，我真的很希望自己可以持續戒毒、保持清醒。另外，我希望我們或許可以聊聊，或見面說聲哈囉。我知道我還有很長的路要走，而我希望當你想到我的時候，你心中能有寬恕，我發現跟上帝禱告能幫助我寬恕，我希望你也能求助於上帝。如果可以的話，請寄一張照片給我，我希望能看到你現在長得有多高。

　　　　　　　　　　　　　　　　　　　　媽媽

　　我把信折好並拿著，等著安東尼說些什麼或轉身，我聽見吸鼻涕的聲音，他摸著自己的臉。他拿著一些小車子，並給我一輛，要求一場比賽，我們玩了一會兒車子，並等他說些什麼，但是他什麼都沒有說。

　　這次會期緩慢地度過，安東尼很明顯被所聽到的文字影響，但是他沒有發表意見。當鐘聲響起，我把信交給他並說：「謝謝你把信帶來這裡，讓我能為你讀這封信，安東尼，也許下星期你可以告訴我，聽到媽媽的信你感覺如何。」

　　下一次會期他帶來一封寫給媽媽的信，還有一張他希望放在裡面的學校照片，他的信簡短且感人：

親愛的媽咪：

　　謝謝妳寫信給我，我有時候也很想妳，我很高興妳現在沒有吸毒了，如果妳學到怎麼樣能遠離毒品（在學校他們教我們就是要勇敢向毒品說不），也許有一天我們可以再見到彼此。我現在足球踢得很好，這裡有我穿了制服的照片。我有時候晚上會禱告。

　　　　　　　　　　　　　　　　　　　　　　　　　東尼

141

　　他希望我幫他糾正拼字，其實只有一小點錯誤而已。他用新紙影印了這封信，我們打電話給社工得到了媽媽的地址，我們走到街角，當安東尼把信投到信箱裡，他看起來很開心。

　　接下來一個星期，安東尼跟我打招呼並說：「她沒有再寫信給我。」

　　我說：「如果她有寫信給你，你的感覺如何？」

　　安東尼回答：「很喜歡吧，我猜。」

「如果她沒有寫給你，你的感覺是什麼？」

安東尼聳聳肩，「她可能不會寫。」

「她如果不寫，你的感覺如何？」

「我才不在乎。」他很快地說。

我握他的手以讓他注意，並說：「安東尼，希望某些事情發生是可以的，如果沒有發生，你可能會覺得失望、生氣或難過，這是正常的，你曾經對你媽媽有非常多的失望。」

他沒有把手抽走並說：「是啊。」接著他問：「妳覺得她能戒得了毒嗎？」

我很誠實地回答：「這是一件很困難的事，你媽媽已經吸毒很長一段時間，我們能期待最理想的狀況發生，並為她祈禱，不過我不知道治療是否能夠成功。」

「我知道，她以前參加過很多方案了。」

安東尼在這次見面後又接受了八個月的治療，他開始希望放學後能做其他的事，並問我是否可以去練習足球或橄欖球，取代來看我。我告訴他我都可以接受，因為他已經有許多改變，也不再有以前的問題了。

我問他能否想到什麼事可能讓他覺得很糟、生氣或難過，並會讓他覺得要再來看我，他說：「如果我必須要跟其他人住。」還有：「如果我必須要再跟我媽媽住。」他的媽媽沒有再與他接觸，安東尼似乎調適好自己不要再對媽媽有任何期待，以避免之後的失望。當他一告訴完我這些事，他就抬頭

看，並說：「如果我必須回來，我就可以回來，對嗎？」他好像在確認我不會去任何地方。「當然。」我回答，「你有我的電話，可以隨時打電話給我。」

　　我們有四次的結束會期，我們回顧了安東尼的畫，談論我們曾經討論過的不同事情，及我們溝通感覺的不同方式。我們也討論了他未來擁有的資源，及如果他需要任何協助，他覺得可以找誰幫忙；他認為可以找羅太太、足球教練，還有球隊的朋友帕洛。安東尼已經清楚地形成一些正面的依附關係，羅太太是長期的安置，安東尼有大半的機會能繼續被她照顧，除非有些預料之外的事發生。

討論

　　安東尼是一位身體與性虐待及疏忽的受害者，他被虐待的詳情在治療期間從未浮上枱面，他因為間隔性的憂鬱與攻擊行為被轉介。這個孩子在成長時因為很深的不穩定感而受苦，很少經歷正向的依附關係與一致性，他似乎沒有與其他人社交的動機，他不好的衛生習慣也許是讓他與其他人孤立的方法。

　　在治療的過程中，有一些重要的事情發生，安東尼與寄養媽媽羅太太形成了強烈、密切的關係，羅太太很溫柔並對他充滿深情，她簽署讓安東尼參加學校足球隊的同意書，並帶他去教堂參加主日學校。安東尼的身體因足球而茁壯，他以身為球隊的一份子為榮，他也表現出對天主教有相當的興趣。

143

　　在治療中，安東尼學到確認自己的感覺並表達，雖然他一開始不能用口語表達，但最後他學會用更直接的方式溝通。安東尼與媽媽的關係一直是衝突的，他對她有非常矛盾的感覺，他既想要她卻又想拒絕她，他最好的防衛方式就是表現出對她很冷淡，藉以逃脫，不被傷害。他對她主動的表示有所回應，但是仍對接近她感到不確定。身為一個受疏忽的孩子，安東尼對與他人有適當、正向的互動有良好的回應。

第四節　凱比：因單一性虐待事件而受創傷的孩子

144

轉介資訊

　　凱比，三歲半的小女孩，在被兩名偶爾來當臨時保母的少年口交及手指侵入後，由媽媽求助治療。她的媽媽是被治療生殖器創傷的小兒科醫師所轉介。

社會／家族史

　　凱比是離婚雙親的第二個孩子，父母是丹妮絲與古斯塔福，她還有一個十二歲的哥哥叫馬修。在凱比出生後不久，丹妮絲和古斯塔福就因為長年經歷了「困難與緊張」的關係離婚，他們曾因為監護權有所爭執，最後被裁定採聯合監護的方式。古斯塔福指責丹妮絲對孩子是「冷淡與疏離的」，她把時間跟精力都花在工作更勝於照顧家庭；而丹妮絲則指責古斯塔福對孩子而言尤其像一個「陌生人」，丹妮絲認為他會想與她爭奪孩子單一監護權的唯一理由，就是他認為這樣他必須要支付較高的孩子照顧費用，這對父母之間有未被解決的議題，此也反映出他們草率與緊張的溝通。我請丹妮絲告知古斯塔福她

145

要求凱比接受我的治療一事，及我希望能個別與他們會面以了解他們對凱比的重要看法。古斯塔福很懷疑治療的必要性，但是他聽從了小兒科醫師的建議，因為他認為其意見是具有參考價值的。

　　古斯塔福是家庭中最年長的孩子，底下有三個妹妹，他描述自己的童年是快樂的，提到母親時充滿著深深的敬愛之意，表揚了媽媽對家庭的犧牲奉獻；他的父親被描述成一位嚴厲的紀律執行者及有學問的人。母親與古斯塔福維持了親密的關係，他認為此給了她「重要的理由」以適當地撫養凱比長大。

　　丹妮絲是家中的獨生女，她的媽媽是家族中第一個取得大學學位及離婚的成員，丹妮絲很快地補充說明母親在家庭與事業之間平衡得非常好，她覺得父母離婚對她的影響不大。她與父親之間的關係是正向的，她總是可以依靠他，即使他住在東岸，而她與母親在離婚後搬至西岸。丹妮絲補充母親是一位非常棒且相當幫忙的外婆，她能保留自己的意見，讓丹妮絲可以自己做與凱比有關的決定。

　　丹妮絲與古斯塔福在大學認識，在談戀愛之前為好朋友，丹妮絲描述他們的婚姻是「從未有希望的」，因為她婆婆的從中干涉，古斯塔福總是把她跟婆婆做比較，她從來沒有符合他對一個好妻子應該做什麼的期待。

　　古斯塔福表示他曾經想要努力經營婚姻，但卻感覺到丹妮絲的女性主義無法讓她同時成為「像樣的」媽媽與科學家。

　　丹妮絲在一個大學的癌症研究方案中工作，古斯塔福則為都市計畫委員會的建築師。

　　父母雙方都對兒女有正面的評述，他們歡喜於兒子的學業成就及在體操上得到的豐富獎項，他們也都同意孩子彼此之間擁有溫暖與隨和的關係，偶爾會出現「正常」的手足競爭行為。特別的是，古斯塔福會帶馬修去戶外遠足或釣魚，而凱比會因為被爸爸留下而生氣好幾個小時。

　　父母雙方都承認當孩子被告知離婚一事時，曾表達出悲傷與害怕，古斯塔福提到孩子會向他抱怨他們有多想念他，而且希望他能趕快回家。

　　凱比的性侵害發生在其保母——一位住在附近的十三歲女孩，在凱比家招待男朋友與兩位男性友人時。當孩子睡著時，保母與男朋友在客廳摟著脖子親吻，其他兩個男孩進入凱比的房間，在凱比睡覺時愛撫她，性侵害程度逐漸增強，某一個男孩表演口交，而另一位男孩則手淫並將手指伸進小女孩的陰道內。凱比的嘴巴旁有一些瘀青，表示其中一位男孩在施虐過程中搗住了她的嘴巴。男孩後來告訴警方他們嚇唬小女孩，告訴她如果她告訴任何人他們做的事情，他們就會把她殺了。

　　丹妮絲參加完會議後回家，她付錢給保母並上床就寢，當凱比早上到她房間時，她立刻知道出事情了，孩子的腿部流血，嘴唇旁邊有瘀青，媽媽急忙送孩子去看小兒科醫師，小兒科醫師通報了兒童保護服務機構。媽媽給了警方保母的姓名，

147 和她見面後發現男孩在房子裡出現,男孩去了少年法庭,被判緩刑,並轉介至治療。

在我與丹妮絲和古斯塔福的接案會面期間,他們同意凱比很焦慮、害怕及失眠,常常因為惡夢而驚醒,她希望跟媽媽一起睡,丹妮絲默許凱比的要求,以讓她因感到安全而能在晚上入睡。凱比會厭惡哥哥與爸爸,很明顯地抗拒與他們有身體的接觸(她如果晚上在父親的房子裡睡覺,通常會非常焦慮)。她的父母也提到凱比變得沒有活力,並出現退化的行為,如吸手指與嬰兒話語。此外,她不再能或願意自己使用廁所,堅持要媽媽或日間照顧員帶她去廁所,並要包尿布。父母都表達了對馬修的掛心,因為馬修對在妹妹有麻煩的時候卻沒有醒來感到罪惡,他對傷害妹妹的男孩感到相當憤怒。我將其轉介給同事以進行初評與簡短的治療。

臨床印象

我第一次與凱比的見面是很短暫的,因為她不能與母親分開,會將臉埋進媽媽的膝蓋裡,不願意與我說話或進來看看遊戲室。我向丹妮絲保證這是可以預期的,並告訴她我希望她在我不在場的情況下,帶孩子去遊戲室四處看看。丹妮絲告訴我凱比會用一般的注意力看看四周,不過會抗拒摸任何東西,在她們進入房間後就希望趕快離開。

在第二次會面時,凱比繼續逃避與我有眼神的接觸,有一

些與她同年紀的孩子也在等候室玩著積木，凱比表現出一點興趣，我與她坐在等候室，鼓勵她的興趣並與其他人一起玩遊戲。最後，凱比走向前，並站在他們旁邊，但是當其他孩子跟她打招呼時，她便跑回媽媽身邊。

148

我邀請丹妮絲與凱比進入遊戲室，當我告訴她房間裡有不同的東西時，她似乎會看看四周，我用我典型的方式介紹我自己，即是和孩子談談他們想法與感覺的人。我解釋她可以選擇她想玩的玩具，我也再次提到了計時器的使用。我與媽媽談天，這樣凱比會感到較安全些，我告訴她有些孩子喜歡在畫冊上畫畫，其他孩子喜歡玩杯子與茶墊等等。

當我告訴她所有來我這裡的孩子都是被某人所傷害時，凱比抬起頭來看我。「有一些孩子的身體受傷，有一些孩子的感覺被傷害了。」當我提到孩子可以永遠不要談論他們的傷害，有時候他們只是玩時，她竟然給了我一個淺淺的微笑。當我與她的媽媽在書上塗顏色時，凱比吸吮其手指，我們兩人談論著她早期的歷史，當媽媽敘述她的嬰兒時期，並談論到她喜歡做的事情時，凱比安靜地聆聽。丹妮絲提到凱比最喜歡的事是海灘與游泳；她們不久前才去夏威夷度假，凱比當時帶了一個面罩，很喜歡凝視著海水，看著魚游來游去，我告訴凱比我也去過夏威夷，很喜歡那裡的海灘與草裙舞舞者（她又再次地微笑）。

在第三次會期，我拿出沙盤，凱比變得對沙盤遊戲充滿

興趣——她是如此喜歡，以至於我告訴凱比，媽媽今天會在遊戲室外面等她，我會為媽媽放一張椅子在遊戲室外面，並把門打開。有一刻，凱比開始尋找媽媽，當她問起媽媽時似乎非常恐慌。「她在門外面，去看看吧。」我說；凱比跑出去確定媽媽在那裡，接著她自己回來，並繼續進行在沙裡的遊戲。

一開始，凱比把杯子裝滿又把它們倒乾淨，並把沙子弄濕，蓋了一座小山丘，好讓她等會兒可以在上面戳洞。她喜歡把沙子撫平，並把沙子堆高。她注意到沙盤旁邊的櫃子上放滿了小型的物品，她拿了一些小物品，但很快又將它們放回正確的位置上。

149

她媽媽的椅子在第五次會期時仍然放在門旁邊，不過門是關上的。凱比能安靜地分離，很顯然地不再為分離所困擾，對媽媽會等她到結束有較多的信心。最後，我把椅子搬回等候室，在確定過一次媽媽仍然在那裡之後，凱比再也不會要求媽媽出現在遊戲室裡或附近了。

治療計畫

我發展了以下的治療計畫：

1. 個人化的遊戲治療

   a. 允許非指導性、非侵入性的遊戲。

   b. 記錄遊戲主題與詮釋象徵符號。

   c. 促發創傷後遊戲。

　　d. 促發凱比能分享夢境。

2. 親子會期

　　a. 與父母會面，並討論凱比的行為及建議的回應方式。

　　b. 不鼓勵過度保護的回應。

　　c. 討論對睡覺的安排方式。

3. 手足

　　a. 與手足一起會面，如果在適當的時機下，馬修可能希望與妹妹分享感受。

　　b. 透過特殊的遊戲，鼓勵能有再度的身體接觸。

4. 家庭

　　a. 舉行家庭會議，將虐待象徵化為過去之事，並討論會令凱比在未來感到安全的方式。

治療的開始階段

　　凱比忍受了一個可怕的創傷事件，而事件發生在安全的家中增強了恐懼的感覺。若創傷發生於家外，孩子會尋求並充滿希望地從親近環境中獲取保證；但當創傷發生在親近的環境時，要使其恢復信心是較不可能的。

　　由於凱比年紀很小，我假設性虐待還未必被接受成一個性的事件，而可能被視為一個暴力與身體侵入的行為，她很有可能被以搗住口鼻的方式遭恐嚇，甚至可能失去了意識（虐待她的男孩如是「猜」）。

150

　　孩子的發展是退化的：她很愛黏人、需要包尿布，以單字而非以創傷前用的句子陳述所想要的東西，她表現出了創傷後壓力症候群，包括害怕夜晚、突然闖入的片段、情緒化、解離與麻木的感覺。凱比對男性也有特殊的不安感，家庭內外的男性皆然，父母親都觀察到，凱比不能忍受談論到男性或有男性在她四周出現（丹妮絲說凱比不能看到男性，不然就會開始哭泣；古斯塔福則表示當有男性出現，她就會變得堅持要立刻離開那個環境）。

　　我的立即目標是創造一個安全的環境，促使凱比能處理創傷事件，我持續保持極少的言語溝通，並讓孩子能選擇她喜歡的遊戲素材，我溫和地向她介紹遊戲室，允許媽媽在她需要的時候，能給她保證與安慰。凱比開始能夠忍受與我單獨處於遊戲室，我告訴她她可以想要說得多或說得少，選擇自己要玩什麼，如果需要時可以進來或離開房間，也可以留下來直到計時器響起；她被同意可以查看媽媽是否在遊戲室外面，在治療開始的幾個月她偶爾會這樣做。

　　雖然凱比一開始會畫畫，在沙裡運用杯子與杯墊，甚至會梳娃娃的頭髮，不過到了最後，當她開始她困難的復原之旅時，沙盤變成她注意的核心。沙盤總是在一開始被撫平。凱比開始了選擇沙盤小物品的緩慢、具目的性的過程，她會將它們小心放在盤底下的可滑動的枵子上，並很仔細地將每一件小物體浸泡在一杯水中，清除在遊戲過程中所黏附的沙粒。她總是

組織起這些物體，讓恐龍、獅子與老虎、蜘蛛與蟲、帶有劍與槍的士兵排成一列，接著她會挑出綠色、黃色與白色的籬笆，綠色的籬笆最高，白色與黃色的籬笆為增強物，被擺在綠色籬笆的前面，最後一層為樹木，凱比會挑選高的與較矮的樹木，把它們放在籬笆外面。

　　凱比的遊戲在治療最初三個月的每一週都是相同的，她會把沙子弄平，清理並擦乾每個物體，讓它們排成一直線，並開始填滿沙盤。首先，她將一隻加菲貓放在盤子的左邊角落，中途用沙將其蓋住，接著會繼續將高的籬笆放在加菲貓前面約三吋，她會強化籬笆，再將樹放在籬笆的前面，之後便由沙盤最遠的一端開始，將沙盤剩下的四分之三區域以（具威脅性的）物體代替，這些物體包括了恐龍、蜘蛛與蟲、獅子與老虎，以及士兵，愈後者的愈接近籬笆（見圖4-5）。凱比主動地表示：

圖 4-5

「牠們爬上樹並跳到籬笆上。」此含義是相當清楚的，界線是可滲透的，且攻擊是無可避免的，身在角落的單一目標無處躲藏，四周無人可以提供協助。

一開始，這是一個穩定、缺乏動力的沙盤，物體均未移動，凱比似乎有一個內在的時鐘，讓她能夠在時間剛要結束時，完成對沙盤的布置，凱比被遊戲所吸引，似乎沒有意識到我的存在或是外界的聲響。當她把所有具威脅性的物體放在沙盤後，她明顯變得焦慮，她無法忍受看著它們太久，有時候她會咕噥道：「噢噢，好像有不好的事要發生了。」

152

治療中期

凱比沙遊情景的轉變開始微妙地發生，加菲貓之前的籬笆被重新安排，威脅物體的空間縮小了，且較少有威脅物體能入侵。

在第四個月月底，有一半的沙盤被士兵及一些任意擺放的動物所占滿，加菲貓現在有了長頸鹿相伴，高度超過了籬笆，另外還有一隻熊，看起來很有自信，對任何危險都能保持鎮定。當她在這段治療期間致力於沙盤時，凱比有時候會在鐘響前將注意力轉向其他的玩具，她有些時候會讓自己去做一些再適應環境之類的事情，當她離開時，她總是會向沙盤與我揮手道別。

153

凱比在家的行為有非常大的進展，她更常能整晚睡著，只

有偶爾會做惡夢，她對與哥哥一起做手指畫的處遇反應良好，他們能共同分享同一張紙，這提供了兄妹倆一個不具威脅性的身體接觸機會，彼此一起擁有了正向的經驗。他們也共享了一個揉披薩麵糰的任務，當他們很親近地接觸彼此時，他們開心地笑並享有樂趣。古斯塔福曾參加過一次指畫，雖然凱比很喜歡，不過她不知道為什麼爹地的行為這麼笨。

丹妮絲提到凱比的啼哭次數減少，如她「凝視著荒野」時刻次數的減少一般。古斯塔福承認復原已發生，並感覺到這是終止治療的時機了；我與父母雙方見面，並請他們允許凱比再繼續接受一陣子的治療，不論她是否有明顯的進展。

在治療的最後兩個月，孩子的沙盤完全反轉過來（見圖4-6），現在四分之三的箱子被加菲貓、長頸鹿、熊所占據，另外四分之一包括了四至六位士兵與老虎，藉由一道籬笆與加菲貓分隔，沒有樹能促使攀爬的發生。「你知道嗎，」我看著沙盤並觀察，「我認為加菲貓現在比較安全了。」「是啊。」凱比回答，「長頸鹿與熊待在她身邊，並照顧著她。」此刻無須再多言，治療在沙遊中產生，已不需要更進一步的處遇了。

我花了三個會期做終止治療的工作──兩次單獨和凱比工作，有一次則包括了她的媽媽、爸爸與哥哥。在她最後的兩次會期中，凱比把我所有的小物品拿出來，並「為其淋浴一番」，回到早期的遊戲，用沙子把杯子填滿再倒出來。當我告訴她只能再來兩次時，她沒有說什麼；我希望知道她會怎麼與

圖 4-6

媽媽談終止治療的事,當我詢問媽媽時,丹妮絲說在最後一次
會面的晚上,就在上床睡覺前,凱比說:「我可以去看莉安
娜,當我想去的時候。」丹妮絲告訴她她可以這麼做,而凱比
說:「也許在我有其他頭痛的時候。」

154　　在最後一次會期,我與凱比談論她第一次來見我的時候,
提醒她她是緩慢進來的,並與媽媽一起,直到後來才在遊戲室
裡玩玩具。我也提醒她一開始她希望媽媽在房間裡,後來媽媽
就在門外,接著媽媽會與其他媽媽一起等候;我也告訴凱比她
要來看我是因為,我是一個跟被傷害小孩聊天的人。

　　「我曾經受過傷。」她說,「那些男孩做了壞事。」

「是的，他們做了壞事，凱比，我很遺憾妳受到傷害。」

「他們會被打屁股，而且他們的媽媽會很生氣並處罰他們。」

「是的，凱比，我打賭會這樣。」

「但是有些男孩子是好人，馬修就很好。」

「沒錯，凱比，許多男孩子都很好。」

凱比玩著魔鬼粘，接著談到：「我媽媽那時候不知道壞孩子會到我們家。」 *155*

「是的，凱比，妳的保母也不知道這些男孩會傷害妳。」

「他們嚇壞我了。」她說著，把大拇指含在嘴巴裡。

「這真的非常令人害怕，凱比。」

「他們曾經在晚上的時候來嚇我。」

「我記得，妳之前會做惡夢。」凱比安靜地坐著，我問她是否要畫一張害怕感覺的圖，她抓起了顏色，並畫了一張充滿黑色亂畫的圖；接著我請她畫一張快樂的圖，她畫了一個太陽與彩虹；當她離開時，我各影印了一份。凱比要帶快樂的畫回家，不過不希望帶害怕的畫走，她請我保管這幅畫。凱比並跑回遊戲室告訴我：「如果他們再試著要傷害我的話，我哥哥會踢他們的屁股。」我假設她曾經聽到哥哥這樣說，於是我接著做了一個總結：「妳的媽媽、爸爸跟哥哥，每個人都很愛妳，他們將會好好地照顧妳。」「我知道。」她說，「我的傷現在已經好多了。」

　　這是我們交換最多的對話，我們最後的家庭會面也進行的很順利，我大聲地說：「當凱比在晚上被那些男孩傷害，你帶她來看我的時候，她非常害怕，你們大家都很擔心她，很氣那些男孩，並對無法在當場照顧她感覺很糟。」丹尼絲與古斯塔福本能地補充說明，他們希望他們可以知道會發生什麼事，他們就會趕過來並確保她的安全，馬修也提到他會踢任何想再傷害她的人的屁股。當古斯塔福告訴馬修注意自己的修辭時，凱比咯咯地笑著。

　　我提到凱比現在似乎感覺好多了、較有安全感，即使這是真的，但讓她知道未來若她在任何時間記起了性虐待一事，她可以與父母談論此事是非常重要的，父母親再一次在沒有暗示的情況下意見一致，向她保證她可以討論這些男孩如何傷害她，並問任何想問的問題。

156　　最後，我問凱比她和我是否可以讓每個人看看令人害怕事情的畫，她把畫從我手上拿去，很顯然對此建議很滿意；她把畫給媽媽、爸爸與馬修看。我帶來了一些畫紙，請大家合力畫出一幅曾發生在凱比身上的壞事的團體畫，他們跟隨著凱比的領導，並運用較多的顏色勝於符號。接著，我請他們畫出一起擁有美好時光的圖畫，他們同意畫出去夏威夷的假期（沒有人告訴凱比，爸爸並未參與夏威夷的假期，以免使她的理想幻滅，雖然在她出生後不久，她們一家四口曾在家庭度假時去過夏威夷）。

家庭花了約五分鐘的時間畫完第一幅畫，並在剩下的時間裡一起合力完成夏威夷的家庭圖畫，大家畫了一些熱帶魚，凱比則為其著色。

在結束此次會期之前，我請家庭把發生在凱比身上的可怕事情之畫弄皺，並丟進我放在遊戲室中心的垃圾桶裡，他們經過這幅畫的四周，每個人把這幅畫弄得愈來愈皺。接著馬修把畫拿起來，模仿麥可喬登的灌籃動作，將其塞進垃圾桶中。之後，凱比詢問她的可怕圖畫在哪裡，然後自己把它弄皺，並模仿哥哥將圖畫丟進垃圾桶。

我告訴家庭我很高興與他們會面並有所協助；我告訴凱比，如果她在任何時候想回來看我，她知道我在哪裡。她後來從未打過電話給我，不過連續兩年寄情人節卡片給我。

討論

孩子的幼小年紀、特殊的症狀及對沙盤治療的興趣，都將治療導向為非指導性、非侵入性的遊戲治療。

沙盤治療能自然地自我治癒，在這個案例中可以看到一個奇蹟般的過程，孩子用自己的方式、自己的步調處理創傷，小心地透過遊戲將令人無法承受的經驗象徵化。

157

沙盤說明了她的受困及毫無防備之感，她感到孤立，沒有任何內在或外在資源可以擊退攻擊者，她很害怕、過度驚嚇，並逃避具潛在威脅的人與情境。

　　在家庭會談中傳達了某些問題議題，凱比聽到並似乎理解她的父母不知道男孩會去傷害她，且如果他們知道，他們會去阻止那些男孩。結束的儀式（畫畫）象徵性地增權了家庭，將過去拋諸腦後，並協議達成一個安全的未來。

　　凱比用喜愛的方式回應非指導性治療，並象徵性地處理了創傷；當她玩沙子時，她釋放了害怕與擔憂的感受。這個孩子也受惠於有一個能小心謹慎地跟隨治療建議的家庭。

第五節　蘿芮：因住院而受創傷的被疏忽孩子

158

轉介資訊

　　蘿芮是一位七歲大的女孩，社工轉介進行「重新團聚」（reunification）的治療。蘿芮被認定為被疏忽的受害者，過去一年半她被安置於寄養照顧，直到她的父母親在另一郡完成戒毒復原方案。蘿瑞在社工打電話給我的兩天前回到了原生父母的身邊。

社會／家族史

　　社工提供了片段的原生父母資訊，此個案是由其他的社工轉介過來的；個案紀錄是很混亂的，所能知道的是在被安置於寄養家庭之前，蘿芮曾經因為盲腸炎被送進急診室，她的父母一直下落不明，直到孩子住院四天後才被找到。醫師發現蘿芮為疏忽的典型受害者──營養不良、骯髒、受到輕微的感染、長了小膿皰疹，並有未被治療的視力問題。由於父母行蹤不明，於是孩子由法院監護。

159

　　我在社工打電話給我的隔天與父母雙方見面，並獲得了較多的資訊，我發現他們是具防衛性且稍稍愛爭吵的。他們立刻

表達了他們對被指定接受治療的氣憤,「我們或許會自己去尋
求諮商。」父親再次爭辯著,他無法了解我們會面的急迫性,
父母也對治療必須付費,及蘿芮仍在法院的監護下,且要由社
工看管至少六個月的事實感到憤怒。

　　我向父母保證我了解他們所有的不滿,且我很快地聚焦於
他們在如此長期的分離後,再與蘿芮重聚時有怎樣的感受,這
對父母親慢慢地卸下防衛,並透露了他們的害怕。他們已有一
年半未碰毒品,也接受每日的諮商,他們知道自己是「不完
美」的父母,似乎對此極為後悔。當我詢問他們在戒毒復原方
案之前的生活時,他們形容如同「陷入谷底」一般,並很快地
附帶一提:「最糟的事就是把蘿芮跟我們一起拖下水。」我指
出他們對孩子的關心是適當的,我並告訴他們,如果我能從他
們身上獲得愈多資訊,則愈能對孩子有所幫助。

　　這對父母飛快、簡短地描述著他們過去的歷史,父親似乎
是兩人的發言人:「我們兩個人都是在有酒鬼父母的環境下長
大。」他形容他們是如何被毆打並被拋棄。而母親,葛蘭達,
則補充說明她對自己的家庭是有很用處的,因為她會照顧年幼
的手足。她說她憎恨一生中的每一天每一秒,並曾輟學,與一
位一向和她母親一起睡覺的販毒男友一同逃家,「我會說那裡
真像在地獄中,不過當我從家裡被帶到醫院時更像是在地獄
裡。」葛蘭達從十歲開始喝酒,因為有時家裡很少會有其他吃
的或喝的東西,她補充說:「我唯一看到我媽媽笑,看起來很

160

開心的時候，就是我喝酒的時候。」

　　蘿芮的父親，羅伯，同樣也在非常小的年紀就開始喝酒與吸大麻。他說他和死黨會蹺課、從事修車工作，且每天恍恍惚惚的；他的父母不在乎他是否有去上學；他很驕傲自己能夠靠修車賺一大筆錢，現在他的工作是先前老雇主冒險所給予的機會，只要他能保持清醒。羅伯在約十二歲時，開始與他的死黨一起住在廢棄的簡陋木屋裡，「記得『迷路的男孩』（*Lost Boys*）這部電影嗎？」他問，「就是像那個樣子。」

　　我評論他們兩人的生活似乎都是不快樂的，但他們踏出了重要的一步，加入復原方案，讓他們自己能保持清醒是非常了不起的。母親鬱悶地說：「很不幸，我們必須先深陷谷底，才能獲得這些啟示，我只希望蘿芮將來不會因為我們所做過的每件事而恨我們。」

　　父母雙方都拒絕與自己的原生父母有任何接觸。葛蘭達一直有與一位妹妹保持聯絡，不過她不在乎到底能否再見到媽媽或爸爸；羅伯知道父親還活著，有時候會在附近見到他，不過他似乎沒有動力要與父親接觸。葛蘭達與羅伯非常排斥自己的父母，並盡力要逃離令他們痛苦的過去。

　　我請他們描述讓蘿芮離開他們身邊的事件，當他們開始敘述時顯得很沮喪，並藉由多次的暫停去抽菸來持續兩個半小時的首次訪談。他們提到從蘿芮一出生，自己就已經「深深地墜入毒窟」，葛蘭達曾想要努力減少喝酒——但是卻在懷孕期間

飲酒；蘿芮出生時體重過低，並易怒，被留在醫院觀察了好幾個星期。當時，讓蘿芮回家接受如此的父母照顧仍令人掛心，社工與公共護士來拜訪近四個月，寶寶似乎一切都發展得非常好，除了很難餵食並睡得太多之外。

161

父母都提到他們並未計畫要有孩子，但是當蘿芮一出生，他們便喜歡上了這個點子。羅伯強調他有一個穩定的工作，能夠賺足夠的錢回家以餵飽寶寶並買尿布；他補充說，他和葛蘭達在那些日子裡並沒有吃很多，這些賺來的錢都只留給蘿芮使用。

父母親形容當蘿芮較年長時，是「安靜且很有幫助的」，葛蘭達表示她驚訝於五歲的孩子可以餵飽自己、去商店買東西，並藉由看電視讓自己進入夢鄉。羅伯則指出蘿芮喜歡在房子裡走來走去，即使當她可以跟他們一起出去喝酒時，她卻偏好待在家裡。當我聽到此事，我立刻發問：「她是自己一個人待在家嗎？」葛蘭達注意到我的關心，並回答：「我知道，現在當我回想到這件事，我可以看見我犯了多大的錯誤，雖然在那時候，我認為我是一位好媽媽，能讓她做她想要做的事情。」

葛蘭達與羅伯似乎認真地關心這個孩子，並擔心他們的舉動會造成的影響。他們希望告訴我他們所做過最糟的事情，他們描述了飲酒派對的頻率，這些酒鬼會整晚待在蘿芮的床上。當葛蘭達告訴我，有些人會在他們房子裡發生性行為時，很顯

然地幾近於抓狂邊緣；有一次她曾經走進蘿芮的房間，發現孩子蜷曲在角落裡哭泣，因為有一對情侶在她床上做愛。

　　羅伯提及他有幾位吸毒的朋友，蘿芮曾經目睹他們使用針頭並吸著古柯鹼，有時候這些人（包括葛蘭達與羅伯）會在吸毒之後失去知覺，房子因為這群人隨地的嘔吐而骯髒不已。她的父母說，蘿芮是唯一想努力讓環境乾淨的人，但是卻沒有用。

　　葛蘭達與羅伯在蘿芮盲腸炎的時候外出喝酒，蘿芮上樓並向鄰居要了一顆阿斯匹靈。鄰居注意到孩子發燒了，並帶她去醫院（蘿芮沒有固定就診的小兒科醫師，過去在公共健康部與學校打預防針）。當他們談論到盲腸炎，父母親都流下了眼淚，不過，羅伯補充這是「曾經發生在他們身上最好的一件事」。

　　我詢問羅伯與葛蘭達在蘿芮安置期間多久與她接觸一次，他們表示很少有接觸；他們曾寄給社工一些給蘿芮的信，但是他們不確定社工是否有收到這些信。

　　當我請他們描述蘿芮這兩天的情況時，他們提到她真的非常安靜，並不常微笑。「她一開始有點怕我們。」羅伯說，「但是她現在開始有所準備了。」父母親表示蘿芮晚上會在床上哭泣，所以會把她抱到他們的床上，當我表示讓她能熟悉她自己的房間是一個好主意時，葛蘭達同意了此舉只是暫時性的。

162

　　我與父母一起回顧了我如何告訴蘿芮要來看我一事，我告訴他們，這對他們所有人來說都是一段艱苦的時期，因為他們事實上正在重建家庭，而且是處於很少有角色模範與技巧的情況下。他們透露了他們每天都參加匿名戒酒會，也參加匿名的親職會談以討論親職能力。葛蘭達問我是否知道何處可以上課，我給他們一個當地的資源，不過他們頗為猶豫是否要接觸該資源。我也告訴他們，我認為在一開始這幾個月，他們若參加婚姻治療所討論的許多議題將會非常有助益，我轉介他們給我同事進行短期的治療，此將會在與孩子進行家族治療時達到最佳效益。

　　在這對父母離開之前，我詢問他們有多了解蘿芮的寄養家庭，及她如何與寄養家庭分離，這是父母親不太能理解的部分，他們似乎對此有所防衛，「我不知道，而且我也不想知道。」羅伯說，「社工小題大作地想讓我們知道蘿芮有多想念他們，不過我確定她很高興能夠回家。」我表示有時候孩子回家的時候，會在同一時刻有兩種感覺：他們很開心可以見到父母親，並要向一直照顧他們的人說再見〔我很小心不在此時用《163》「寄養父母」（foster parents）一詞，因為此明顯的是一個敏感的議題〕。葛蘭達似乎能夠了解，而羅伯則在呼吸聲下含糊地帶過。

臨床印象

蘿芮是一個極端害羞、緩慢移動、壓抑及順從的孩子，她很瘦小，看起來很虛弱，不過很整齊、頭髮梳得很好。她穿著美麗、明亮的洋裝，裙子邊緣綴有蝴蝶結，與髮際上的蝴蝶結相襯，但是卻與其眼神中的憂鬱、警戒及安靜的獨特舉止形成了極大的對比。

蘿芮的手被媽媽牽著，當葛蘭達放開手去做其他事時，蘿芮的手臂就會無力地垂向自己的內側，當她們坐在等候室時，媽媽再次握起了蘿芮的手。我走出去向小女孩介紹我自己，接著帶她遊覽了遊戲室，告訴她我們身在何處，及媽媽的位置；當媽媽鼓勵她與我一起時，她並沒有抗拒。

蘿芮邊看了看遊戲室，邊吸吮著大拇指，我說了一些關於她可以玩什麼東西的話。她想要著色，並坐在一張小桌子旁，為一本書著色。「要走了嗎？」變成最常問的問句。一開始我認為這代表了與我單獨相處的焦慮，直到後來我才了解，這代表了她希望能在這個安靜、安全的小地方待得更久。

我決定要用十分非指導性的方式與這個孩子相處，因為父母親告訴我，當他們最終團聚在一起時，他們是如何嘗試讓她告訴他們所有發生在她身上的事情。我感覺到讓蘿芮樂意前來，比起用任何方法逼迫她來為更好的方式。我決定坐在她身旁，並自己畫起畫來；一旦我專注於自己的活動時，蘿芮似乎

呼吸地更為輕鬆。

最初四至五次的會期和諧地度過，蘿芮會安靜地進入遊戲
室，並從事著色或是閱讀的活動。由於她表現出閱讀的慾望，
164 我很刻意地將一本寫給寄養兒童的書，叫做《獨一無二的奧立
佛》（*Only One Oliver*, Rutter, 1978）給陳列出來；這本書討論
了孩子對兩組父母皆有溫暖感受的忠誠度議題。蘿芮花了一些
時間自己安靜地閱讀這本書，接著我問她：「妳住過寄養家
庭，對嗎？蘿芮。」

「嗯哼。」她說。

「妳跟誰住在一起？」

「傑克、李奧娜、史黛菲與哈利。」

「他們是誰？」

「我媽媽……寄養媽媽和爸爸，和我的……其他住在那裡
的小孩。」

「妳有時候會想他們嗎？」

「嗯哼。」

「想念他們讓妳有什麼感覺？」

「我不知道。」她邊說邊將頭轉開；我們有了一個開始。

治療的開始階段

當她熟悉了環境與結構，並能接受與我談話後，蘿芮似乎
更能放鬆了。此外，她很明顯比我第一次見到她時更能自在地

與媽媽在一起;此可由她在遊戲室中的姿勢與靈活度中反映出來。

　　蘿芮慢慢地靠近娃娃屋,並開始玩一個有媽媽、爸爸與三個孩子的遊戲。我假設她正在重建其寄養家庭,而非她目前的家庭。她讓媽媽煮早餐,並確定孩子有乾淨的衣服可以穿;而爸爸下班回家後會看電視。當爸爸說笑話時,全家便會哄堂大笑;他們常常在準備野餐盒,並去戶外玩球。蘿芮表示她是一個好的「接球員」,當我告訴她我在遊戲室有一顆球時,她要求我把球丟給她,讓她能夠接,她非常享受這個活動,明顯地讓她回想起較快樂的時光。「傑克是最會接球的人,他告訴我要如何接球。」她大聲地說。

　　父母親的治療師和我有所接觸,她對父母不能了解蘿芮對寄養父母的感受而灰心,葛蘭達與羅伯曾禁止蘿芮提及寄養父母的名字,並在蘿芮不經意稱寄養媽媽為「媽媽」時感到痛苦。父母親的治療師感覺到,他們認為寄養父母應對他們有將近兩年未看到孩子負責任,這種不合邏輯的觀點導致他們無法容許其他的看法並存。在治療的第一個月後,我與寄養父母會面,並邀請父母一同出席。羅伯與葛蘭達對我覺得必須與「那些人」談話感到相當憤怒,不過仍認為他們必須要出席這個會議。

　　這個會議的前半小時是令人緊張與尷尬的,葛蘭達與羅伯遲到了十五分鐘,我很害怕他們不會來。當他們到達時,我表

165

達了當我看見他們時的喜悅，並對這次會議的目的做了開場白：「如同我與蘿芮的父母所說，我希望能與你們見面，李奧娜與傑克，所以你可以告訴我們蘿芮在你們家裡的狀況是怎麼樣的。」李奧娜與傑克很顯然是真正的專家，立刻就能讓蘿芮的父母放心：「我們真的很高興能與你們見面，我們發現蘿芮真的很令人喜愛，她表現地如此之好，又這麼地甜美，當你看到這樣的一個孩子出現時，你會知道他們有很好的父母親。」葛蘭達與羅伯看起來很震驚，而無法有所回應；他們彼此互看並握著手，羅伯一如往常地先開口說話：「她在你家有沒有任何問題？」李奧娜與傑克形容她是一個被動、順從與會幫忙人的孩子，他們把這些特質描述成正面的行為，但我知道他們也表達出了孩子的缺點：「有時候你很難注意到她在那裡——她會逐漸變成一個木雕。」我常常聽到這個用來描述受虐或受疏忽孩子的措辭，這些孩子會藉由保持冷淡以獲取安全。

　　傑克與李奧娜表示她們是一個活潑的家庭，他們常常會去公園、湖邊與露營地旅行；他們提到蘿芮喜歡戶外，而且善於健行、跑步、游泳與玩球。葛蘭達輕聲地說：「我不知道她會游泳。」蘿芮的寄養父母表示他們有教她游泳，因為醫生建議在她手術後要恢復正常活動，在他們不知道她喜歡什麼的情況下，他們認為可以試試看游泳。

　　羅伯想知道她是否曾經問過關於他或葛蘭達的事，寄養父母很快地交換了眼色，並由傑克回答：「她常常會談到你們，

說你們以前如何開大派對，並有許多朋友。」傑克又附帶一提：「我們也與她談論她的媽咪與爹地，讓她知道你們正在讓自身問題獲得協助是一件多麼好的事。」傑克自己是一位已康復的酗酒者，他做了驚人的告白：「羅伯，我親自嘗過那種滋味，我已經康復了十五年，每一天我都在提醒自己，在我把自己拉上來之前，我跌得有多深。」

任何先前存在的敵意、忌妒或替代的氣憤都在這次會談中煙消雲散，兩對父母一起外出喝咖啡，且奇蹟般地，羅伯與葛蘭達邀請傑克與李奧娜前來晚餐。接下來的一星期，蘿芮很興奮地到來，並告訴我傑克與李奧娜會過來看她，她明顯地非常激動，很幸運地，她不再覺得她必須要壓抑住自己的興奮。

治療計畫

過了第一個月後，我擬定了一個治療計畫，包括了個人治療與聯合家庭會期：

1. 個人治療
   a. 運用非指導性的遊戲治療會期以建立牢固的治療聯盟。
   b. 記錄遊戲主題（如與寄養照顧的分離）。
   c. 偶爾藉由談論與原生父母的生活讓治療變得具指導性。
   d. 討論所經歷的手術。

2. 聯合家庭會期

    a. 討論結構的議題，如：界線、隱私權、限制。

167   b. 討論親職議題，如：管教、引導與娛樂活動。

    c. 討論家庭成員對重聚有何感受，及他們所遭遇到的問題。

    d. 確定孩子有定期的醫療照顧及不斷更新的施打疫苗計畫，而家庭也有接受營養諮詢。

3. 協調

    a. 討論與寄養父母接觸的計畫。

    b. 與學校人員談論蘿芮的學校表現與行為。

    c. 與社工接觸討論監護的議題。

治療中期

    我請蘿芮畫一張自畫像，而她畫了一位非常小、非常虛弱的小女孩，沒有手與腳，在身體中間有一個洞（圖4-7）。當我請她畫一幅她的家庭圖畫時，她嘗試畫了幾次，又把他們擦掉，似乎非常挫折。由於察覺到她的兩難，我問：「妳首先最想畫哪一個家庭？」「我不知道。」她回答，「我不會畫畫。」「我認為妳是一個很好的畫家。」我主動地發言，「我知道怎麼辦——因為葛蘭達與羅伯是妳的第一個家庭，先畫他*168* 們吧！」此可見圖4-8，蘿芮畫媽媽躺下來，而爸爸在看電視；在這幅畫中沒有結構與地基，人好像正在漂浮著。這幅畫與下

圖 4-7

圖 4-8

一張圖不同，圖 4-9 畫了傑克與李奧娜，這幅畫是很引人注目的，不只是因為這幅畫較為精細，也因為它具有情感的內容及家庭成員之間的接觸。寄養家庭很清楚地有情緒上的回饋，並讓孩子有滋養的環境。

圖 4-9

169　　　在治療的時光中，蘿芮是放鬆的（且從父母的報告中可知，她在家中也變得更放鬆）；她更愛說話，也能將遊戲引導地很好，她常常會選娃娃屋來玩──用以呈現其「理想的」家庭。她會要求我玩丟球，當她接球的技巧進步時，她會感覺自己是有能力的，並因而自豪。當她開始能將球丟進籃框時，她會等不及地向寄養爸爸展現她已經學會的事情。不過她會小心地談論父母親，蘿芮所有與有趣及娛樂有關的事都是和寄養父母一起做的（我與她的父母治療師討論，幫助他們計畫一次週末的野餐或旅行，他們已有所回應）。

　　很快地，蘿芮的自畫像開始改變（圖 4-10），尺寸與準確度增加，她的學校功課也表現得很好，她總是特別要告訴我她媽媽如何協助她做功課（我證實了確有其事，而非只是孩子未實現的願望）。

　　有一天治療有了轉變，當蘿芮畫好了自畫像，我注意到在畫的中間部分看起來不太一樣，「變得愈來愈好了。」她說，並很快地補充說：「我很難再感覺到它了。」她是指她的手術，我抓住了這個機會，從櫃子裡拿下來一些醫院設備的玩具，並展示給她看，在隨後的八次會期，它們變成了她遊戲的主要來源。每一週蘿芮急忙地趕來，要求放好醫院設備的盒

170

圖 4-10

子，並重建了一個精心製作的場景，包括了救護車、醫院手術室與復原室，她帶了一個女孩娃娃去了醫院，讓她接受了手術，並在復原室給她果凍與湯。在手術之後，她立刻用面紙將女孩包住，並用紅色簽字筆在紙上點了一些紅點，「她在流血……她還沒有康復。」她解釋著。

在這些遊戲中，蘿芮在情感上是受限的，像一個機器人。在手術期間，她完全靜止不動，並表現出擔憂與害怕；在復原室裡，她看起來悲傷與寂寞；最後當遊戲結束時，她會與我玩接球的遊戲；很明顯地，她努力讓自己覺得好一點。

葛蘭達與羅伯打電話給我，因為蘿芮做了幾次惡夢，並又再吸大拇指了；我讓他們放心，表示她很好，我們正在面對一些痛苦的回憶。「是關於我們嗎？」父母親以他們特有的防衛態度問到，「不是。」我回答，「是關於她的手術。」當我詢問他們是否有注意到任何其他不尋常的行為時，他們表示她失去了食慾，並抱怨她會肚子痛。

蘿芮的創傷後遊戲引起了一些退化行為，其遊戲是重複的，蘿芮的焦慮也不斷持續。在第九次會期時，我決定要介入，因為遊戲所產生的焦慮明顯對孩子造成一些負面的影響。我第一個處遇是透過遊戲提供對此事件的詮釋，蘿芮一開始幾乎被嚇到，不過逐漸地她似乎調整了遊戲的步調，讓我能有機會描述每一個過程。「小女孩被放到救護車上，我打賭救護車開的很快，我也打賭有一個警報器。」「沒有。」她說，「那

天警報器壞掉了。」「噢。」我繼續著,「警報器壞掉的救護車很快地開著,小女孩肚子很痛⋯⋯」「還有頭痛。」蘿芮插入她的意見。我整合了蘿芮自己的意見,並繼續敘述這個事件,我以:「小女孩現在在她自己的房間,喝著湯與果凍,每一天都變得更強壯。」作結束。「是啊。」蘿芮補充說道。當我說:「我在猜,不知道小女孩在吃果凍與喝湯時有什麼感覺?」蘿芮沒有回答。

下一個星期她又重複遊戲,但增加了值得令人注意的部分:蘿芮對小女孩感覺的最後一個問題有了回應,她說:「我覺得她很害怕和孤單。」「噢。」我說,「當她的身體變得更強壯、傷口癒合時,小女孩感到了害怕與孤單。」當蘿芮點頭,我繼續說著:「我很好奇她為什麼感到害怕。」蘿芮輕聲地說:「她不知道她的媽咪跟爹地在哪裡。」「噢。」我同意,「不知道媽咪跟爹地在哪裡真的是一件很可怕的事情。」

在接下來的幾個星期,用此基本的方式,蘿芮能夠談論她在醫院恢復時的感覺:擔心她的父母,不知道誰在餵她之前照顧的流浪貓,害怕打針、在手臂裡的管子、拆線,及不知道當她出院時要去哪裡。「哇噢!」我說,「有好多事情要擔心,有沒有任何人可以跟妳談 談的呢?」「沒有⋯⋯等一等,有耶,有一位好心的小姐來看我。」我查閱了醫院的紀錄,發現醫院的諮商員每隔兩天就會去看蘿芮,有一次她和一位社工一起去,並告訴蘿芮她們為她找了一個新家,她可以待到他們找

到她父母為止。蘿芮似乎突然記得了：「當他們找到媽咪和爹地的時候，那位小姐來告訴我，她說他們將要去醫院讓自己的酗酒問題能夠復原。」

　　處遇的第二個層次便是回顧蘿芮遊戲場景發生事件的順序；當我們進行時，會穿插一些釋放情感的機制。例如，當女娃娃在救護車上時，我請蘿芮「將小女孩的感覺轉化成文字。」我給她提示：「她現在有什麼感覺？」「她真的很害怕。」蘿芮回答，「不是只有一點點。」這個方法顯示，蘿芮認為她做錯了一些事情，所以要被帶走受罰。

　　當我開始稱女娃娃為「蘿芮」而非「小女孩」時，便進入了第三階段，蘿芮沒有退縮或質疑這樣的改變。

　　之後，在她遊戲裡最後的用心設計中，我讓蘿芮與救護人員、醫生、「好心小姐」諮商員、社工及她的父母對話，當我一開始引導她與父母說話時，她顫抖著。「我做不到。」她說。

　　「如果妳這樣做，會發生什麼事？」

　　「他們也許會很生氣。」

　　「當他們生氣的時候會說什麼或做什麼？」

　　「我不知道。」

　　「妳曾經看過他們生氣嗎？」

　　「沒有。」她回答，而這可能是真的，因為父母親曾描述自己是「輕鬆愉快、昏昏欲睡的酒鬼。」我告訴她，她可以為

蘿芮發言，而我會替父母回答。她好像很喜歡這樣，並未察覺到我已經進入了角色扮演。我採取了無助的姿態，並請求她的指導，有時候她無法說話，我教導她深呼吸、動動手臂、跳上跳下，接著我會再次地詢問她。

當她第一次以蘿芮的身分說話，她哭了並吸吮她的大拇指。「你為什麼要走開？」她啜泣著，「我做錯事了，對不對？」最後，「你希望我死掉嗎？」我讓她哭了很久，並安靜地坐在她身旁。蘿芮緊緊地抱著她的大兔子，輕輕地搖晃著，她的問題是如此的發自內心與基本。當我問她，我所扮演的父母親應該如何回應時，她並不知道。我覺得我應該要馬上克制住「解決某事」的心情。於是我說：「妳知道嗎，蘿芮，我打賭妳的爸爸媽媽會想回答這些問題，如果我們有一天讓他們跟妳一起來會發生什麼事？我們可以給他們一個解釋的機會。」蘿芮似乎很猶豫，仍不太願意。「如果他們來我就不能哭。」她說。「會發生什麼事？」我問，「如果妳哭會發生什麼事？」「他們會覺得很糟。」她陳述著，反映了她照顧者角色的特質。我解釋道：「在有些時候，為我們所犯下的過錯感到糟糕是沒有關係的，每個人都會犯錯，並會在之後覺得不舒服。」

173

我們玩了一會兒接球，當我們在治療會期結束走向等候室時，我告訴蘿芮的媽媽，蘿芮與我希望能邀請她與羅伯來與我們會面，葛蘭達知道這終究會發生，似乎很認命也很緊張，我

們暫時約定了下星期的時間。

　　父母的治療師已讓他們為這次會談做了準備，葛蘭達與羅伯似乎急切地想澄清任何蘿芮感到不被愛的擔憂。在會面期間，他們不尋常地以他們的能力開放自己，向孩子保證，並讓他們自己在蘿芮面前哭泣，才減輕她要提供任何照顧回應的必要性。他們多年的諮商是值得的：他們表現得適當且非常具有滋養性，父母曾抱怨孩子對他們的擁抱與親吻缺乏肢體的回應，而這是第一次當他們用一個關愛的擁抱將蘿芮吞沒時，蘿芮緊抱住他們兩人不放。

　　正如這次會面的舒服與必要，我還是提起了另一個困難的情緒：生氣。「蘿芮，」我說，「我真的很高興妳的爸爸媽媽已經回答了妳的問題。」我給了她許多機會問其他的問題，說說她想說的事情。「還有一件事我只希望你們都能想一想，當發生這樣的事情時，即使能有好的解釋，但感到害怕與孤單的人也還是會對走開的人感到生氣。」蘿芮將頭埋在父親的肩膀裡，羅伯立刻了解我在說什麼，他說：「說的對，甜心，妳有對我們生氣的所有權利，不只因為我們把妳一個人留在家中，而妳生病了，也因為當我們去醫院的時候，我們必須要分開，讓妳必須要去李奧娜與傑克的家。妳對這些生氣是沒有關係的，如果我是妳我也會生氣。」當父親呵她癢的時候，她露出了微笑，不過我知道，治療的最後階段是要集中在這更困難的情緒。

這項剩餘工作確實還是很困難且是痛苦的，不只因為我要處理她的生氣，還因為父母的治療師指出葛蘭達正在處理她懷孕時喝酒的巨大罪惡感，父親則在處理他讓孩子處於這樣毒品交易與「性違常」風險下的罪惡感。 *174*

在同一時間，家庭與寄養父母發展了很好的關係。一開始，由於界線過於彈性，羅伯與葛蘭達花了太多時間與寄養家庭在一起，在他們治療師的建議之下，他們承諾一個月不超過一次聚會，如此可以讓蘿芮的轉換更容易些。

羅芮的監護身分取決於法院的情況在六個月覆審後結束，此是由於父母與孩子的治療師皆建議此一行動。

在整整九個月後，當治療終止時，我打破了玩具不能離開遊戲室的規定，把一個小女孩娃娃送給了蘿芮，我告訴她，小娃娃可以提醒她我們曾在一段非常困難的時期，為她的想法與感受所做的努力。之後父母親告訴我，這個小女孩娃娃被明顯地展示在蘿芮的房間，他們常常會發現蘿芮將她的感受與娃娃討論。在治療結束後，我馬上告訴蘿芮如果她想跟我打招呼或說話，她可以打電話給我，她打過兩三次電話，都只是打聲招呼，而我也接到她寄來的聖誕節與感恩節卡片。

在治療終止兩年後，父母親打電話給我，為他們關係中的性問題尋求協助；我轉介他們給一位性治療師，並詢問了蘿芮的狀況；她變成了游泳隊的一員，在學校表現非常好，並對將有新弟弟或妹妹的訊息感到矛盾。

討論

蘿芮是一位七歲的孩子，最近與嚴重疏忽她的父母團聚，當父母成功地參與一個毒品復原方案時，她已經在寄養家庭住了一年半了。蘿芮藉由變得假性成熟與照顧父母讓自己能在疏忽的家庭中生存。她一開始相當擔心無法找到父母親，且在接受手術時，因父母不在身旁而受苦於嚴重的孤寂感。

蘿芮表現出退化，在依附上有困難，並無精打采，似乎很憂鬱，及沒有回應。在治療期間，她與寄養父母的強烈連結變得很清楚，因此處遇便要發展她與寄養父母之間適當的分離。蘿芮很顯然與寄養父母有正向的依附關係，很享受家庭遠足及參與她先前不知道的體育活動。她在寄養父母與原生父母之間感到嚴重的忠誠度衝突，她擁有寄養家庭具體正面的回憶，也擁有抽象負面的原生家庭記憶。

在治療中，她在我的辦公室裡接觸到一些醫院的玩具之後，蘿芮便從事於創傷後遊戲，她儀式性地表演出她的害怕、擔憂與孤獨。她將父母親在她住院期間的缺席，詮釋成對她完全地拒絕並猜想為是對犯錯的處罰。在與父母團聚之後，蘿芮對和父母的肢體接觸有所保留，直到她可以直接從他們的口中聽到關於被拋棄的所有疑問的答案。

由其不自然的動作、受限的呼吸與臉部僵硬中，可顯露出蘿芮的創傷性遊戲使她產生了極大的焦慮，在遊戲中她會發抖

及出汗。我藉由言語描述每一個環節介入創傷後遊戲，好讓蘿芮能修正我的註解。當經歷與處理困難或恐懼的負面感受與創傷事件相關聯時，這些處遇似乎對促進她的觀察有所成效。同時，由於她在安全的場合中會感到困擾，因此對她而言，區隔過去與現在是較為容易的。當蘿芮進行觀察，並幫忙我說出在救護車裡「小女孩」發生了什麼事時，我轉而詢問她的感受與想法，而不是小女孩的，她立刻有所回應，分享了一些她記得有關於住院的事情。這些道具的精細，讓她想起了許多她可能已經忘記的事情（例如，手術室裡的燈光有多強，醫生的長袍有多麼白）。

在遊戲中，蘿芮能夠哭泣，這似乎重新引發了她的孤寂感，此種情感清楚說明了她在醫院內對於生病、沒有價值與被拒絕的擔憂。而家庭會談對孩子來說是重要的，除了在遊戲中誘導回答其問題外，我告訴蘿芮我會協助她直接與父母分享她的感受。

這個孩子因父母極度疏忽，將其放置在可能遭他人虐待的高度風險下而受到相當大的傷害，她曾接觸過成人直接的性行為，常常因為被遺棄而要照料自己。父母持續進行著婚姻與家庭治療，而參與一年半的毒品治療方案的價值是無法估算的，他們面對了許多罪惡與羞愧的痛苦感受，並且非常堅定地要協助修復曾對孩子造成的傷害。

176

177 ## 第六節　雪倫：因長期性虐待而受創傷的孩子

轉介資訊

雪倫是一位八歲的女孩，因社工的建議轉介至治療。雪倫在五歲時移出原生父親處，並安置於寄養家庭，寄養父母注意到她有一些「古怪」的行為，並希望孩子能與專業人士談談。直到其諮商師去世之前，雪倫曾接受一年半的諮商。

社會／家族史

警察的報告與法院的文件描繪出雪倫淒涼的生活，母親在雪倫兩歲時因吸毒過量去世，沒有人知道任何有關雪倫母親及其對孩子照顧程度的事情。而原生父親，華特，是曾因多起持

178 有毒品的控訴而被判監禁的重刑犯，他也曾在年輕時被控告重大傷害罪。

孩子在五歲時出現在當地照相館所沖洗的色情照片中，由於疑似兒童虐待必須要通報，照相館老闆將雪倫與不同男人所擺的許多性姿勢照片給了警方。

很顯然地，華特本身不會猥褻兒童，但卻是他四歲女兒的皮條客，他藉由販賣孩子與成人性交的照片賺了一大筆錢；除

了維持她能吃飽與上相，她的父親並不關心雪倫的福祉。而除了照片以外，警察還發現了孩子的錄影帶，雪倫看起來吸有麻藥，下體並被一些青少年插入；有一些錄影帶還播放了她表演為一些青少年口交、以牛仔的姿勢裸體騎在少年身上，及從她的陰部吸出櫻桃、糖果的鏡頭。

無庸置疑地，這個孩子被嚴重地性虐待，一開始她的治療焦點在她所發展的症狀性的性行為，其中包括了過度手淫；此外，在安置之後，雪倫馬上開始做惡夢、夢遊、暴怒與情緒化。她實際上是不使用語言與發展遲緩的，缺乏社會技巧，即使是在公眾場合也常常會脫光自己的衣服。

她的寄養父母，安與飛利浦，表達了對收養這個孩子的興趣與意願，他們自己沒有子女，希望之後能再收養兩個孩子。

當我與安及飛利浦會面時，我向他們表示了轉介的適當性，雪倫在許多部分都表現得很好，不過他們觀察到她有些不尋常的行為，總結如下：

1. 類似恍惚的行為
2. 忘記或否認被觀察到的行為
3. 對虐待的偶發性失憶
4. 能力的波動
5. 自殘行為
6. 傷害動物
7. 用另一個名字

179

8. 行為的波動與兩極化

治療的開始階段

雪倫的體重過重,是一個有魅力的孩子,外表看起來超過實際八歲的年齡,她的穿著撩人,較像一名少女而不像一個潛伏期的兒童。

雪倫輕易地進入了治療,幾乎可說是熱切地,她詢問我的遊戲室在哪裡,且似乎對寄養媽媽及她要停留之處表示冷漠。她攻擊性地檢查著遊戲室,把東西打開,從容器中把物品拿出來,並把東西丟在一旁,以獲得她想要的某件物品。不同往常地,我立刻說出了所有遊戲室中的規則。「酷!」她一邊探索房間一邊說著;她有旺盛的精力,且幾乎未曾停止過說話。

「妳知道為什麼妳媽媽帶妳來諮商嗎?」我問。

「她不是我媽媽,她是我的養母。」她堅持著。有趣的是,當我問她的寄養媽媽她在家會用什麼稱呼時,寄養媽媽卻告訴我雪倫幾乎立刻就會叫他們「媽媽」、「爸爸」。

「妳通常都怎麼叫她?」我問。

「安妮。」她回答,「飛利浦都這麼叫她。」

「噢。」我堅持著原來的問題,「飛利浦與安妮怎麼告訴妳有關諮商的事?」

她深深吸了一口氣,「他們說我必須來這裡,因為她們很擔心我常常會忘記事情。」

「妳認為呢？」我詢問她。

「我想這也是我要知道，而妳要找出原因的。」

我微笑著說：「好吧，妳才剛認識我，我猜當妳更認識我的時候，妳會想多講一些。」我很快地了解到無論我說什麼，雪倫都不會同意。

「不，沒問題，我不需要更多的時間，我會忘記很多事，就像有些時候他們說我說了什麼事但是我並沒有。」　*180*

「舉個例吧！」我引導她。

「嗯，就像昨天，安妮生氣了，因為她說我告訴她在學校沒有拿到任何的新書。嗯，我知道我沒有那樣說，因為我是有拿到一些新書，這是新的一年的開始耶。」

「妳常常忘記妳說過的話嗎？」

「我不知道……我忘了。」她說著並看著我的臉開心地笑。

「妳很有幽默感。」我說。

接著她回應：「飛利浦說是我騎腳踏車然後爆胎了……那不是我，我不喜歡騎我那醜醜的舊腳踏車。」

雪倫發現了跳棋的遊戲，她把棋子放在地上，並說：「我以前每次都贏我的醫生，妳想要賭錢嗎？」我回答：「不要，我不賭錢，不過我們來把它們擺好，我要藍色的。」當我這樣說，她拿了藍色的棋子，並給我紅色的。「太遲囉，太遲囉，我已經選了藍色的。」她說。每一次雪倫占上風她就會嘲笑我

遠居於後；每一次她讓新的棋子進入三角形區域時，她都會在房間四處跳著舞，並說：「我要讓妳慘敗，我要讓妳慘敗！」

我精疲力竭的程度能與她離開我辦公室時明顯湧上的熱情成對比，她大聲地宣布她讓我輸得連褲子都不剩——一個有趣的措辭。當她們離開了第一次會期，安表示雪倫並不常常這麼大聲。

在接下來的會期中，我觀察到孩子有非常顯著的改變，雪倫的衣服不再誇張，且其舉止是受限與溫和的，她好像不太記得與遊戲室有關的事，會詢問前一個禮拜在那裡是否有發生過什麼事。當我問她記不記得上一次會期發生過什麼，她說她記得我有一點胖，且我們在地上玩了遊戲。她不能記得遊戲的名字，當我提醒她時，她說不知道跳棋要怎麼玩，但是她喜歡畫畫，她嘗試畫了些樹與花，並責怪自己沒有藝術天分。當她在畫畫的時候，我問她我有一點胖這件事，讓她想到了什麼。

181

「噢，我不是故意要傷害妳的感情。」

「妳沒有傷害我。」我說，「我只是想知道妳對這件事有什麼想法？」

「在學校有些小孩會嘲笑你。」

「怎麼會？」我問。

「因為你有一點胖。」

「噢。」我說，「在學校有一點胖的孩子會被嘲笑嗎？」

「是啊。」她平靜地說著，「他們這樣笑我的時候讓我很

受傷。」

「我可以了解妳很受傷的感覺。」我停頓了一下，並接著問：「當妳覺得受傷時，妳有什麼感覺？」

「我想要大哭一場，不過我沒有。」她用一種宣告的聲音說著。

「如果妳哭會發生什麼事？」我問。

雪倫抬頭看著我並說：「如果我開始哭，我害怕可能永遠都停不下來。」

「噢。」我說，「這是一個有趣的想法。」

「我知道，我有很多好玩的想法。」

我了解用「有趣」這個字眼可能對雪倫來說是奇怪的，我試著擴充意義：「我有時候會聽到其他孩子這樣說，他們很擔心他們會永遠一直哭下去。」

她驚訝地抬頭看我：「也有其他人這樣說？」她很有興趣地問。

「是的。」

「她發生了什麼事？」

「嗯。」我從容地回答，「她有許多事想哭，不過她發現一次只能哭一點點。」

雪倫開始畫一個小女孩的圖，小女孩的眼淚落在小杯子裡。「妳看，」她說，「她每次哭一點點。」「是啊。」我說，「妳心裡有一幅畫，現在妳把它畫出來了，妳很聰明

喔。」「我媽媽也這樣說。」她說著,一邊站起來,開始四處看看;她發現了嬰兒娃娃,並幫他們換衣服、洗澡、梳頭髮。「我喜歡這裡。」她評論著,並似乎對計時器在會期結束時響起的鐘聲感到失望。我困惑地坐了幾分鐘,了解到寄養父母為何擔憂。

182

在第三、第四次會期中,雪倫只玩娃娃,並重複幫他們穿脫衣服、穿尿布、洗澡、餵食與梳頭髮,我的治療計畫迄今展現了治療的探索本質:

1. 個人遊戲治療

　　a. 觀察其行為的波動。

　　b. 每個星期與父母接觸,了解孩子在家中的行為。

　　c. 用非指導式的。

　　d. 提供藝術素材,雪倫擅長於此。

2. 協調

　　a. 與教師談論雪倫在學校的行為。

　　b. 取得警方報告的影本。

　　c. 查明華特的法定身分。

3. 工作假設

　　a. 評估是否為解離失序症。

　　b. 評估多重人格失序(multiple personality disorder, MPD)。

第五與第六次治療有相當大的改變;雪倫的行為舉止與第

一次來訪時相同，用一種造成混亂的方式遊戲，會選擇許多遊戲，但只會開始而不會結束，聲音很大並具破壞性。這些會期反映其內在的解組；我詢問寄養父母這個星期過得如何，並了解到她在家的困擾行為與在混亂治療會期中的行為是一致的（我也了解到，她三個星期的平靜與輕聲細語恰好與乖乖在家的星期相同）。

我的計畫是下一次當較安靜的雪倫出現時，讓其畫一張自畫像給我。在接下來的會期中，我把握了這樣的機會，雪倫在紙的中央畫了一個虛弱的小人躺在床上，她將畫折起來，並說這就是她今天只想要畫的東西了。當她在三個星期後回來治療會期時，她打開了畫紙，並加了其他的圖畫在上面（圖4-11）。當她在作畫時，我問到：「那個人是誰？」及「他或她正在做什麼？」她並未談到第一個畫的人是誰（在畫中央躺在床上的小孩），而她說第二個人（在窗戶旁有雙大眼睛的小孩）是「恰克」，是負責看管確保沒有壞人進來的男孩；第三個人（在衣櫥中的小人）是瑪莎（「她很瘦小並在裝死」）；第四個人（在床底下的人）則是「琳達」，琳達真的非常生氣，並要去殺了爹地。由於並沒有增加其他的人，我再次詢問了第一個人是誰，而這一次雪倫說了：「那是瓊西，她喜歡壞男人對她做的事。」雪倫總是會將畫紙小心地折好並收到盒子裡，而且放在遊戲室角落櫃中的高處，才不會讓別人看見。此反映了孩子對可見性的矛盾。

圖 4-11

在下一次的時間，吵鬧的雪倫出現，我歡迎著她，並拿出了跳棋，我們坐下並玩了起來，我提到：「妳上星期有來治療嗎？」

「沒有……我有事情要做。」

「我想知道是誰代替妳來了？」

「妳是什麼東西啊，瘋子！」她回答，「那是雪倫。」

「噢，雪倫……原來如此。」我等待了一陣子，並非常誠懇地問：「請問你叫什麼名字？」

「我叫查理。」她回答，「難道妳都不知道任何事嗎？」

「嗯，很高興能正式跟你見面，查理。」在之後的遊戲中，我問她是否喜歡雪倫。

「她是一個討人厭的人耶……她讓別人輕易就能踩過她，在學校他們叫她窩囊廢。」

「他們叫你什麼？」我問。

「他們沒有叫我什麼，不然我會踢爛他們的屁股。」她告訴我。

由此可見，這個孩子發展出多重性的方式來回應嚴重、長期與無法控制的虐待，這樣的多重性在雪倫變胖並開始在學校被嘲笑後變得更加明顯。這些被人們用矛頭指向、取笑及傷害她感受的經驗，已造成了足以創造或刺激其人格分裂或「分身」（alters）的壓力，此可能源於對性虐待的防衛。雪倫的自畫像已訴說了她人格中所有不同的角色，但分歧的部分很少；我猜測他們源於受虐的那些年間，也就是當雪倫年紀還很小的時候。

關鍵似乎存在於自畫像中，雪倫的下一次會期給了我們一個談論此事的機會，雪倫走向了櫃子，櫃子上有放她自畫像的盒子，她把畫打開，似乎急切地想與我再回顧一遍，而此變成了她的習慣。在上一次會期時，我曾問了她關於這幅畫的問題，不過這一次，當她告訴我關於她自己的不同部分（分身）時，我詢問了這些人的年齡，及他們是否有用其他的名字。當我們提到恰克時，雪倫就事論事地表示恰克有時候會自稱查

185

理；而我問她了解查理多少時，她回答查理是「強硬與強壯」的，且是喜歡照顧別人的。在這次會期中，我把握了機會，問了雪倫：「雪倫，這幅畫是妳嗎？」她平靜地把圖畫折好、放好，並等待治療結束。查理出現在下兩次會期中，當雪倫回來時，她再一次拿出了這幅畫，我也再次詢問了：「雪倫，這幅畫是妳嗎？」

「我想是的。」她說。

「有些曾被嚴重傷害過的孩子，會用許多不同的部分來組成自己。」

「妳知道我發生過什麼糟糕的事嗎？」她迷惑地問。

「是的，妳的寄養媽媽告訴過我。」

「噢，我不喜歡別人知道那些事情。」

「他們會怎麼想？」

「他們會認為我很壞。」

我控制了要讓她放心與回應她的本能：「想到別人認為妳很壞是一件很難受的事，妳必須要牢記當妳受到傷害的時候，妳只是一個孩子，是大人做錯事，而不是妳。」

雪倫流下了眼淚。「我有那麼一點喜歡過去的一些事。」她說。

「這也沒有關係。」我需要給她一些資訊：「有時候，遭受到性傷害的小孩會提到，他們的身體會有快感，或是覺得有一些遊戲是很有趣的。」

「馬提說我是做那件事情最厲害的人。」

「做什麼事情？」

「妳知道的嘛！」

「我不太確定妳指的是什麼。」

雪倫用她甜甜細微的聲音說：「幫他口交。」她別過頭去，不過我無法分辨她對她所說的是覺得羞愧或是害怕，亦或是愉悅。

「雪倫，每個人都喜歡被稱讚自己有某件事做的比其他人好，想要把某件事情做好並不壞。」她已經說得夠多也聽得夠久了，她看了看計時器。「說出發生在妳身上的事情會怎麼樣？」

「這個嘛，我猜是應該還好。」

我告訴雪倫，我的工作是與孩子談談他們的想法與感覺，而且她所說的任何事都不會嚇到我或讓我覺得她很壞。但我覺得說這些話是錯誤的，因為查理在下一次會期出現了，他／她的肩膀上有一道傷口，用許多難聽的名字叫我，並試探我所有的底限。在會期中的某一刻，他／她把手伸到我兩腿間，並強硬地摸了我的私處，我把他／她的手移開，並說：「查理，摸我身體的私處是不可以的，我並不會摸你身體的私處，我很確定你在試探這樣做是不是對的，因為你認識的其他大人會要求你摸他們或摸你，但對我而言，這樣做是不好的，有任何問題嗎？」查理含糊地說：「對對對，妳是老古板嘛！」但是我知

186

道我表達了我的立場，我很迅速、非處罰地做了回應，並設下了清楚的限制，雪倫向我展現她自己「壞」的那一部分，而我並沒有懲罰她或拒絕她。

接下來三個月，雪倫都有來接受治療，她對談論受虐一事更加自在，事實上，她開始持續三個月以上的某些創傷後遊戲。

我現在在治療階段中使用較為指導性的方式，雪倫需要被接納與積極地給予承諾、資訊，並協助其承認與表達自己的感受。她發現了一個不曾用過的絲質枕頭，枕頭表面是有光澤的，她把芭比娃娃放在枕頭的正中央，並擺出各種挑逗的姿勢，包括與肯尼及其他男娃娃玩起明確的性遊戲，她並用玩具照相機照下來，讓自己扮演導演的部分。這時，雪倫演出了父親的角色，華特，並選擇以芭比代表自己。

在遊戲中，雪倫常會在手邊拿一個碗與湯匙，並做出類似將藥丸溶解，並強迫餵芭比吃下去的動作；有時候芭比會抗拒吞藥丸，但大部分時間她都順從了。華特是採軟硬兼施的方法：如果她照華特所說的去做，他就會給芭比奶昔與糖果，但當她不合作的時候，他就威脅要鞭打她「小而翹的豐臀」。

芭比會發出如成年女性享受性愛的低哼聲，雪倫也會用力將芭比的骨盤上下移動，並下達挑逗成人指令。當我問她怎麼會知道這些，她說華特曾要她看許多女人性愛的電影，她對性玩具及性交姿勢的知識似乎是無遠弗屆的，且她還學會了最粗

魯的形容詞彙。在這些會期中，雪倫很明顯地被挑起性趣了，而我擔心這些挑動會增強這些負面的性經驗。我也擔憂我自己的觀察者角色，因為雪倫被性剝削時顯然也是有許多人觀看的。

因此，我決定要介入這些儀式性的遊戲。「妳那些不同的部分在哪裡，雪倫？」她回答：「這是一個好主意，我把他們擺出來。」她選了一些娃娃代表了她自己的不同部分，並讓它們靠近遊戲的中央場景。「我們讓恰克跟攝影師說話。」我說。雪倫似乎對我打斷她的遊戲感到惱怒，不過她還是同意了，並讓恰克娃娃放在她手上。「嗨，華特，嗨你的屁啦！」她尖叫了出來，「如果你必須要為此隱藏，這真的是錯的，我厭煩幫你把風了，我厭煩做你的保鑣！」但她卻又直覺且立即地採取了瑪莎的性格（先前她所畫在衣櫥中的小女孩），以一種微弱而痛苦的聲音說話：「華特，你不能聽到我嗎……我要死在這裡了，我不能再演你的電影了，我就要死在這裡了，你聽得到我嗎？」雪倫把娃娃丟掉並跑出了辦公室，我追上了她，但是她想要離開，她做了超出能力範圍的事，我陪她坐在戶外一陣子，看看花及蜘蛛網，並讓她跳繩給我看。

我提醒自己要注意步調，孩子現在正在進入她的創傷，與創傷有關的絕望、害怕與無助感都會進入到治療的時刻。很明顯地，她在下星期抗拒前來治療，她的寄養媽媽打電話給我表示她生病了，我在電話裡簡短地與她談話，告知她我們現在正

在談論一些真的非常痛苦的回憶，所以對她而言休息一下是好的。當她回來的時候，我向她保證，我們每一次只會花一些時間處理。

188 遊戲自動停止於這一時間點上，不過雪倫希望能運用她的畫演出她的不同部分。最後，我請她讓查理與其他分身對話，並鼓勵分身彼此之間能有互動，我也與這些分身談論*他們*的感覺，並請他們能報上自己的姓名。只有緊張性精神分裂症的分身（在畫中假裝死掉的孩子）拒絕現身，與我直接對話。我後來才了解到，即使雪倫試著想要角色扮演出人格的這一部分，但這個分身卻是無法使用言語的。

我開始愈來愈少看見查理出現在治療中，我問雪倫是否可以讓查理看她的自畫像，而雪倫同意了。「他不會喜歡的。」她說，「他不喜歡我做的任何事情。」

「妳覺得為什麼會這樣呢？」我問。

「因為……他認為我很無能。」

「我認為他是擔心妳，並希望妳能更懂得照顧自己，他希望確定沒有人能夠傷害妳，他在那裡只為了能幫助妳。」

雪倫似乎喜歡這種說法，並說：「是啊，就像我的保鑣一樣。」

「是啊。」我複述著，「就像保鑣一樣，但是他希望妳可以不需要保鑣。」

「我懂了。」她宣布著。

　　我給查理看自畫像，她／他並未留下特別的印象：「她畫
得不太好。」

　　「我認為她畫得很好，你知道這些人是誰嗎？」

　　「知道啊，妓女、呆子還有女同性戀。」查理是如此的神
祕。我問了更多問題，並學習到他叫想要死的小女孩為「呆
子」，因為他認為她比無能還糟；而他稱與性有關的女人為
「妓女」，但是說她「不知道有任何更好的方法……女人都是
笨蛋」；他叫有攻擊性的角色為「女同性戀」，他在此是指強
壯的女人。我假設他是從華特那邊學到這些批判的概念。「你
叫自己什麼？」我問。「他們都叫我恰克。」他回答。「是
啊。」我堅持著，「但是你叫自己什麼？」我從未見過他像這
一次褪去其偽裝的外表，並簡潔地說了：「藍波。」到此足以
下結論了，這個分身被創造來試著用自己與無法打敗的怪事戰
鬥，就像藍波對抗敵人那樣。「你和我必須要教導雪倫如何能
更有主見，不再讓別人同樣傷害她的感覺。」「好的。」他同
意了，「她應該要學會踢別人屁股。」我謝謝恰克的主意，並
鼓勵他思考除了打鬥以外能幫助雪倫的一些方法。

　　我讓雪倫內在的人格系統外化，對我來說，現在讓這些系
統再度內化將大有成效，當鼓勵分身間能有內部的合作與協助
時，便幫助增強了固定支持系統具有價值的部分。我請雪倫與
她的所有不同部分召開一個「內在會議」，檢視看看他們能發
現多少能幫助雪倫不再受同樣傷害方法；我也鼓勵雪倫以「團

189

體會議」讓大家談談是否希望被安與飛利浦收養、對華特身在獄中的想法，以及當他們長大時他們希望做什麼。經過一段時間，雪倫現身並報告：「我們決定我們要做一個像妳一樣的治療師。」「我們決定我們希望安與飛利浦做我們的媽媽和爸爸。」還有最後「我們認為我們不再需要任何諮商。」

　　雪倫的寄養父母提到她令人困擾的行為，在創傷後遊戲正盛的那個星期達到巔峰，之後她的行為變得愈來愈一致，變動行為與健忘的言語及行為則愈來愈少。

　　我與家庭有三到四次的會談，以解釋多重人格的發展、意義，及如何回應分身。我們一起閱讀了一本與多重人格有關的書（Gil, 1990）給雪倫聽，寄養父母的回應非常好，他們堅定地向雪倫保證她是個好小孩，而大人才是壞人；他們清楚地申明他們很愛她，並希望她能成為他們餘生中最特別的長女；他們告訴她他們有多愛她，以及他們覺得擁有這個女兒多有幸運。我們最後一次會談的最後一句話，是雪倫向寄養父母說出：「我們也愛你們。」

190

討論

　　雪倫是一個在人格形成階段受到嚴重、無情長期虐待的受害者。在遭受此殘暴虐待之後，她發展了解離的能力，以在心理上能逃離虐待。雪倫也發展了與解離失序相關的常見症狀，包括健忘、對先前受虐的失憶、行為的波動不定，以及對自己

與他人的破壞性行為。

解離是沿著一個連續值發生的，可以從最極端的分裂到另一端不同的人格型態。解離的型態即所謂的「多重人格失序」（MPD），被視為是在無法掌控的現實下所出現的一種適應性反應。MPD通常發生在持續忍受令人無法控制、極度受虐待的兒童身上。通常在成年時期才會被診斷出來，不過近來，此一主題的文獻將能降低遲來診斷在未來發生的可能性（Putnam, 1989; Ross, 1989）。

多重人格的治療選擇包括了：語言的心理治療、藉由催眠治療接近分身，以及最終藉由鼓勵分身間的共同覺察與合作，以幫助個人整合破碎的部分，促進內部溝通，並進而處理創傷（Putnam, 1989）。其他的治療原則似乎是與案主分享診斷的過程，如雪倫與我運用了她畫的四個分開角色的畫，幫助她了解所有她的分身形成了她自己。

雪倫的分裂足以讓兩種基本人格出現在治療中，在我與其他多重人格案主工作時，有時分身並不像這樣清楚與可聯繫。分身的浮現可能是雪倫在日常生活中面對密集強大壓力的結果：她變得肥胖，在學校遭到了嘲笑與排擠。根據報告，她常常成為學校孩子的眾矢之的，孩子們會群起嘲笑她。這些經驗與被觀看的感官知覺刺穿了雪倫的防衛，觸發了在童年早期被 *191* 強迫從事性活動時被觀看的潛意識回憶。

藝術活動、角色扮演與接近來到治療的兩個分身，都促進

了孩子的治療過程。然而，創傷後遊戲充滿了危險因素，因為此似乎更加惡化地挑起性趣，並與受虐記憶相互制約。處遇的方法在於讓這些分身進入創傷後遊戲，並直接對話，讓雪倫的能量重新導向更適當的管道，並讓現身治療的兩位分身能有所連結。

舉行家庭會談以討論多重人格與收養的議題。很幸運地，寄養父母能接受多重人格為一種有創意的求生策略的說法，並熱切學習如何回應雪倫及其分身。在雪倫多重人格失序明顯化後的家庭會談期間，家庭成員保證了對彼此的愛與承諾，此次會談的內容與時機對雪倫有再次肯定的助益。

雪倫的治療持續了九個月，她的寄養父母報告她成為了一個更快樂、較少繃著臉的孩子，她交了朋友，參加籃球隊，並對上學更有意願。雖然仍會作惡夢，並有一陣子獨自待在自己的房間，但整體而言，她似乎更有自信，並更能自由地表達出自己的不悅。

第七節　*特殊議題* ||||||||||||||||||||

情感反轉移

　　在本書中，我曾略微提及情感反轉移的議題，但在此詳細地處理此議題，以強調情感反轉移與跟受虐兒童工作時的關聯性。這些孩子都是極度脆弱的，有著受虐、疏忽與被剝奪的混亂歷史。必然地，他們會引發治療師多種的反應，包括強烈的敵意、悲傷、保護性的衝動與無助感。

　　在治療的過程中，孩子可能要面對源自於外界不同的失望與壓力，如兒童保護機構、法院、父母、寄養父母或照顧者。尤其當受虐兒童可能必須與警察人員和社工談話，忍受身體檢查，與地方檢察官商量法庭上的證詞，完全依賴他人以獲得未來的福祉。

　　治療師可能變得要對當局的要求作建議，並可能在結果不符合預期時，分享孩子的挫折與失望。有時候，孩子的困境需要特別的關注，而高度勝任的專業人員可能會發現自己的行為出乎預料之外。例如，一位治療師在治療受虐兒童時也獲得了寄養父母的證照，並進入了雙重角色；另一位治療師，其拯救的本能被強烈地挑起，最後收養了孩子。這些可能是極端的例

子，臨床治療師必須小心評估任何會威脅到發展出嚴格治療關
係界線以外的個人行為。

治療師的自我照顧

這類型的工作是同時具有回報與吃力的，關鍵是治療師應
要對受虐兒童案主的數目、每天與每週所見的案例數量，及接
受有相同困難診斷案主之數目有所限制。舉例來說，治療一位
多重人格症者需要非常多的時間與努力，將實務限制於只服務
多重性，對案主與治療師而言均會造成傷害。

由於這項工作是如此地令人注目，一些治療師變得簡直全
神貫注於這個主題，只閱讀與兒童虐待的書籍，只參與兒童虐
待的研討會，並在開車時不斷聽著兒童虐待的錄音帶。

建議治療師要透過體能活動、假期與經常性的環境改變來
充電。此外，在兒童虐待工作與其他較不緊急性、問題性不高
的治療個案作一平衡是很重要的。我發現，平衡對預防耗竭是
絕對必要的。我很幸運能有教書、寫作與做臨床工作的機會。
我知道休息是不容易的，而我鼓勵每一位臨床治療師能努力預
防耗竭，因為在這充滿挑戰的領域工作，此是不可避免的。

治療師的安全

與受虐兒童工作必然要與出現令人困擾行為的父母工作，
包括了暴力、衝動、反社會、依賴、嬰兒化與裝腔作勢般的人

格。治療師與施虐父母見面的情境常常是在強制、非自願下的接觸，因此會出現一些對抗，最好的情況可能是令人尷尬的，而最壞的情況則是充滿危險的。

　　再一次強調，要從嘗試錯誤中學習，我相信與人群工作的臨床治療師應要有處理危機的資訊。例如，與有明顯敵意的父母見面時，要有另一名同事在附近；如果必要時，與警察或地方檢察官商量取得遏制的命令。當有一觸即發的危險時，應與協同治療師一起會見家庭，而如果案主具有威脅性，要保留轉介給另一名治療師的權利。此外，臨床治療師可能希望能上自我防衛的課程，身上帶著哨子或讓辦公室裝備有警報系統；治療師可能也要上一些與暴力人們工作或化解潛在爆發性情境的課程。

　　希望這些技術不會成為必要性，但是預先對危險情境做準備，比事後對忽略了臨床工作的此一部分而後悔要好得多。

總結

　　兒童虐待與創傷的影響可以是長期的，與受虐兒童工作提供我們一個獨特的機會，在會造成否定、逃避、行為或遊戲重現，或各種症狀性行為的人格防衛機制尚未穩固之前，能協助他們處理這些令人痛苦與害怕的事件。

　　與受虐及受創的孩子工作「規則」很少，不過，我們可以從對成年虐待倖存者與其他創傷受害者不斷增加的研究文獻中

得到推論。最近這二十年，可以看見研究兒童創傷及確定治療可能性的興趣與活動都增加了，我們現在處於偏好主張治療對受虐、受創兒童而言為必要的立場。

一般兒童的治療與受虐兒童的治療領域尤其有所進展，本書所包含的素材，試圖要刺激選擇與受虐兒童及其家庭工作的這些敏感與感興趣專業人員的創造力。

案例展現了選擇遊戲治療的類型與治療必須以個別化為基礎，兒童治療師必須小心選擇方法與技巧，並觀察孩子的遊戲活動；孩子會以各種不同的方式溝通與展現所隱藏的害怕或擔憂，此要靠治療師辨識孩子對溝通的嘗試，並建立安全的氛圍，學習解碼孩子的話語及行動。孩子溝通的媒介並非說出來的語言，孩子會透過遊戲呈現出他／她自己，治療師必須要有耐心，注意細微的差別，並做出有目的的選擇。

臨床治療師也必須掌握機會，辨認出孩子隱約的訊息；孩子會調整治療的步調，而治療師必須尊重孩子有以自己可容忍速度前進的能力。

孩子在處理虐待或創傷情節時，當他們自身的觀點被探索後，便需要與事件相關的刺激輸入，治療師必須不斷努力地發覺治療技巧與孩子之間完美的結合，也就是發現能讓孩子更自由溝通的道具或技巧。

許多受創的孩子退縮至秘密地處理令人害怕的事件，臨床治療師必須讓遊戲室成為安全的庇護所，在這裡秘密可以與值

得信任的他人分享。如果孩子有所逃避，治療師應提供各種相
關的道具、故事或圖畫，溫和但不變地刺激孩子的注意力。一
旦這些素材被使用，孩子會要求協助他／她能感受到自己的感　　　*196*
覺，讓他們能有所釋放，並重組他們對虐待，以及他們過去是
誰、他們現在是誰，及他們將來會是誰的意義。治療師必須要
把握每一次逐漸注入希望及未來夢想的機會，這樣孩子較不會
覺得自己無用，並會對成長有更多的動力。每一位受虐／受創
的孩子都會因為創傷而改變，臨床治療師最基本的目標，就在
於提供這些孩子能有修復與修正的經驗。

參考書目

Adams-Tucker, C. (1981). A socioclinical overview of 28 sex-abused children. *Child Abuse and Neglect, 5*, 361–367.

Adams-Tucker, L. (1982). Proximate effects of sexual abuse in childhood: A report on 28 children. *American Journal of Psychiatry, 139*, 1252–1256.

American Psychiatric Association (1987). *Diagnostic and statistical manual of mental disorders* (3rd ed., rev.). Washington, DC: Author.

Anthony, E. J., & Cohler, B. J. (1987). *The invulnerable child.* New York: Guilford Press.

Axline, V. M. (1964). *Dibbs in search of self.* New York: Ballantine.

Axline, V. M. (1969). *Play therapy.* New York: Ballantine.

Azar, S. T., & Wolfe, D. A. (1989). Child abuse and neglect. In E. J. Mash & R. A. Barkley (Eds.), *Treatment of childhood disorders* (pp. 451–489). New York: Guilford Press.

Barrett, M. J., Sykes, C., & Byrnes, W. (1986). A systemic model for the treatment of intrafamilial child sexual abuse. In T. S. Trapper & M. J. Barrett (Eds.), *Treating incest: A multiple systems perspective* (pp. 67–82). New York: Haworth Press.

Barrios, B. A., & O'Dell, S. L. (1989). Fears and anxieties. In E. J. Mash & R. A. Barkley (Eds.), *Treatment of childhood disorders* (pp. 167–221). New York: Guilford Press.

Beezeley, P., Martin, H. P., & Alexander, H. (1976). Comprehensive family oriented therapy. In R. E. Helfer & C. H. Kempe (Eds.), *Child abuse and neglect: The family and the community* (pp. 169–194). Cambridge, MA: Ballinger.

Bergen, M. (1958). Effect of severe trauma on a 4-year-old child. *The Psychoanalytic Study of the Child, 13*, 407–429. New York: International Universities Press.

Berliner, L., Manaois, O., & Monastersky, C. (1986). *Child sexual behavior disturbance: An assessment and treatment model.* Seattle, WA: Harborview Sexual Assault Center.

Braun, B. G. (1988). The BASK model of dissociation, *Dissociation, 1*(1), 410.

Briere, J. (1989). *Therapy for adults molested as children: Beyond survival.* New York: Springer.

Briquet, P. (1859). *Traite clinique et therapeutique de l'hysterie.* Paris: Balliere.

Burgess, A. W., Holmstrom, L. L., & McCausland, M. P. (1978). Counseling young victims and their families. In A. W. Burgess, A. N. Groth, L. L. Holmstrom, & S. M. Sgroi (Eds.), *Sexual assault of children and adolescents* (pp. 181–204). Lexington MA: Lexington Books.

Caffey, J. (1946). Multiple fractures in the long bones of infants suffering from chronic subdural hematoma. *American Journal of Roentgenology, 56*, 163–173.

Caruso, K. (1986). *Projective story-telling cards*. Redding, CA: Northwest Psychological.

Chethik, M. (1989). *Techniques of child therapy: Psychodynamic strategies*. New York: Guilford Press.

Communication Skillbuilders (1988). *Feeling cards*. Kalispel, MT: Author.

Cooper, S., & Wanerman, L. (1977). *Children in treatment: A primer for beginning psychotherapists*. New York: Brunner/Mazel.

Corder, B. F., Haizlip, T., & DeBoer, P. (1990). A pilot study for a structured, time-limited therapy group for sexually abused pre-adolescent children. *Child Abuse and Neglect, 14*, 243–251.

Courtois, C. A. (1989). *Healing the incest wound*. New York: Norton.

Davis, N. (1990). *Once upon a time....Therapeutic stories to heal abused children*. Oxon Hill, MD: Psychological Associates of Oxon Hill.

Diamond, C. B. (1988). General issues in the clinical assessment of children and adolescents. In C. J. Kestenbaum & D. T. Williams (Eds.), *Handbook of clinical assessment of children and adolescents* (Vol. 1, pp. 43–56). New York: University Press.

Dimock, P. T. (1988). Adult males sexually abused as children: Characteristics and implications for treatment. *Journal of Interpersonal Violence, 3*(2), 203–221.

Emslie, G. J., & Rosenfeld, A. (1983). Incest reported by children and adolescents hospitalized for severe psychiatric problems. *American Journal of Psychiatry, 140*, 708–711.

Erikson, E. H. (1963). *Childhood and society*. New York: Norton.

Esman, A. H. (1983). Psychoanalytic play therapy. In C. Schaefer & K. O'Connor (Eds.), *Handbook of play therapy* (pp. 11–20). New York: Wiley.

Eth, S., & Pynoos, R. S. (1985). Developmental perspective on psychic trauma in childhood, In C. R. Figley (Ed.), *Trauma and its wake* (pp. 36–52). New York: Brunner/Mazel.

Figley, C. R. (1985). *Trauma and its wake*. New York: Brunner/Mazel.

Finch, S. (1973). Adult seduction of the child: Effects on the child. *Medical Aspects of Human Sexuality, 7*, 170–187.

Finkelhor, D. (1984). *Child sexual abuse: New theory and research*. New York: The Free Press.

Finkelhor, D. (1986). *A sourcebook on child sexual abuse*. Newbury Park, CA: Sage.

Finkelhor, D., & Browne, A. (1985). The traumatic impact of child sexual abuse: A conceptualization. *American Journal of Orthopsychiatry, 55*, 530–541.

Freiberg, S. (1965). A comparison of the analytic method in two stages of child analysis. *Journal of the American Academy of Child Psychiatry, 4*, 387–400.

Freud, A. (1926). *The psychoanalytic treatment of children*. London: Imago Press.

Freud, A. (1945). Indications for child analysis. *The Psychoanalytic Study of the Child, 1*, 127–149. New York: International Universities Press.

Freud, S. (1895). Analytic Therapy. *Standard Edition, 16*, 448–463. London: Hogarth Press.

Freud, S. (1909). *Analysis of a phobia in a five-year-old boy*. London: Hogarth Press.

Friedrich, W. N. (1988). Behavior problems in sexually abused children: An adaptational perspective. In G. E. Wyatt & G. J. Powell (Eds.), *Lasting effects of child sexual abuse*. Beverly Hills, CA: Sage.

Friedrich, W. N. (1990). *Psychotherapy of sexually abused children and their families*. New York: Norton.

Friedrich, W., Berliner, L., Urquiza, A., & Beilke, R. L. (1988). Brief diagnostic group treatment of sexually abused boys. *Journal of Interpersonal Violence, 3* (3), 331–343.

Fries, M. (1937). Play technique in the analysis of young children. *Psychoanalytic Review, 24*, 233–245.

Garbarino, J., Guttman, E., & Seeley, J. W. (1986). *The psychologically battered child*. San Francisco, CA: Jossey-Bass.

Gardner, R. (1971). *Therapeutic communication with children: The mutual storytelling technique*. New York: Science House.

Giarretto, H., Giarretto, A., & Sgroi, S. (1984). Coordinated community treatment of incest. In A. W. Burgess, A. N. Groth, L. L. Holmstrom, & S. M. Sgroi (Eds.), *Sexual assault of children and adolescents* (pp. 231–240). Lexington, MA: Lexington Books.

Gil, E. (1988). *Treatment of adult survivors of childhood abuse*. Walnut Creek, CA: Launch Press.

Gil, E. (1990). *United we stand: A book for people with multiple personalities*. Walnut Creek, CA: Launch Press.

Ginott, H. G. (1961). *Group psychotherapy with children*. New York: McGraw-Hill.

Green, A. H. (1983). Dimensions of psychological trauma in abused children. *Journal of the American Association of Child Psychiatry, 22,* 231–237.

Green, A. H. (1988). The abused child and adolescent. In C. J. Kestenbaum & D. T. Williams (Eds.), *Handbook of clinical assessment of children and adolescents* (Vol. 2, pp. 842–863). New York: University Press.

Greenspan, S. I. (1981). *The clinical interview of the child.* New York: McGraw-Hill.

Groth, N. (1984). *Anatomical drawings for use in the investigation and intervention of child sexual abuse.* Dunedin, FL: Forensic Mental Health Associates.

Guerney, L. F. (1980). Client-centered (nondirective) play therapy. In C. Schaefer & K. O'Connor (Eds.), *Handbook of play therapy* (pp. 21–64). New York: Wiley.

Hambidge, G. (1955). Structured play therapy. *American Journal of Orthopsychiatry, 25,* 601–617.

Herman, J. L. (1981). *Father–daughter incest.* Cambridge, MA: Harvard University Press.

Holder, W. M. (Ed.). (1980). *Sexual abuse of children: Implications for treatment.* Denver, CO: American Humane Association.

Hunter, M. (1990). *Abused boys: The neglected victims of sexual abuse.* Lexington, MA: Lexington Books.

Itzkowitz, A. (1989). Children in placement: A place for family therapy. In L. Combrinck-Graham (Ed.), *Children in family contexts: Perspectives on treatment* (pp. 391–434). New York: Guilford Press.

James, B. (1989). *Treating traumatized children: New insights and creative interventions.* Lexington, MA: Lexington Books.

James, B., & Nasjleti, M. (1983). *Treating sexually abused children and their families.* Palo Alto, CA: Consulting Psychologist Press.

Janet, P. (1889). *L'automatisme psychologique.* Paris: Balliere.

Johnson, K. (1989). *Trauma in the lives of children.* Claremont, CA: Hunter House.

Johnson, K. (1989). *Trauma in the lives of children.* Claremont, CA: Hunter House.

Johnson-Cavanaugh, T. (1988). Child perpetrators, children who molest other children: Preliminary findings. *Child Abuse and Neglect, 12,* 219–229.

Julian, V., Mohr, C., & Lapp, J. (1980). Father–daughter incest: A descriptive analysis. In W. M. Holder (Ed.), *Sexual abuse of children: Implications for treatment.* Denver, CO: American Humane Association.

Kalff, D. (1980). *Sandplay.* Santa Monica, CA: Sigo.

Kardiner, A. (1941). *The traumatic neuroses of war.* New York: Hoeber.

Kempe, C. H., & Helfer, R. (Eds.). (1980). *The battered child* (3rd ed.). Chicago: University of Chicago Press.

Kempe, R. S., & Kempe, C. H. (1984). *The common secret: Sexual abuse of children and adolescents*. New York: Freeman.

Kent, J. T. (1980). A follow up study of abused children. In G. J. Williams & J. Money (Eds.), *Traumatic abuse and neglect of young children at home* (pp. 221–233). Baltimore, MD: Johns Hopkins University Press.

Klein, M. (1937). *The psychoanalysis of children* (2nd ed.). London: Hogarth Press.

Kluft, R. P. (1985). *Childhood antecedents of multiple personality*. Washington, DC: American Psychiatric Press.

Kraft, I. A. (1980). Group therapy with children and adolescents. In G. P. Sholevar, R. M. Benon, & B. J. Blinder (Eds.), *Emotional disorders in children and adolescents* (pp. 109–133). New York: Spectrum.

Leaman, K. M. (1980). Sexual abuse: The reactions of child and family. In K. MacFarlane, B. M. Jones, & L. L. Jenstrom (Eds.), *Sexual abuse of children: Selected readings* (DHHS Publication No. OHDS 78-30161) Washington, DC: U.S. Government Printing Office.

Levy, D. (1939). Release therapy. *American Journal of Orthopsychiatry, 9,* 713–736.

Lew, M. (1988). *Victims no longer: Men recovering from incest and other sexual child abuse*. New York: Harper & Row.

Lindemann, E. (1944). Symptomatology and management of acute grief. *American Journal of Psychiatry, 101,* 141–148.

Lindemann, E. (1944). Symptomatology and management of acute grief. *American Journal of Psychiatry, 101,* 141–148.

Long, S. (1986). Guidelines for treating young children. In K. MacFarlane, J. Waterman, S. Conerly, L. Damon, M. Durfee, & S. Long. *Sexual abuse of young children* (pp. 220–243). New York: Guilford Press.

Lusk, R., & Waterman, J. (1986). Effects of sexual abuse on children. In K. MacFarlane, J. Waterman, S. Conerly, L. Damon, M. Durfee, & S. Long (Eds.), *Sexual abuse of young children* (pp. 101–118). New York: Guilford Press.

MacFarlane, K., & Korbin, J. (1983). Confronting the incest secret long after the fact: A family study of multiple victimization with strategies for intervention. *Child Abuse and Neglect, 7,* 225–240.

MacFarlane, K., Waterman, J., Conerly, S., Damon, L., Durfee, M., & Long, S. (1986). *Sexual abuse of young children*. New York: Guilford Press.

Maclean, G. (1977). Psychic trauma and traumatic neurosis: Play therapy with a four-year-old boy. *Canadian Psychiatric Association Journal, 22,* 71–76.

MacVicar, K. (1979). Psychotherapeutic issues in the treatment of sexually abused girls. *Journal of the American Academy of Child Psychiatry, 18*, 342–353.

Mandell, J. G., Damon, L., Castaldo, P., Tauber, E., Monise, L., & Larsen, N. (1990). *Group treatment for sexually abused children.* New York: Guilford Press.

Mann, E., & McDermott, J. F. (1983). Play therapy for victims of child abuse and neglect. In C. Schaeffer & K. O'Connor (Eds.), *Handbook of play therapy* (pp. 283–307). New York: Wiley.

Martin, H. P. (1976). *The abused child.* Cambridge, MA: Ballinger.

Martin, H. P., & Rodeheffer, M. A. (1980). The psychological impact of abuse on children. In G. J. Williams & J. Money (Eds.), *Traumatic abuse and neglect of children at home* (pp. 205–212). Baltimore, MD: Johns Hopkins University Press.

Moustakas, C. (1966). *The child's discovery of himself.* New York: Ballantine.

Mrazek, P. B. (1980). Sexual abuse of children. *Journal of Child Psychology and Psychiatry and Allied Disciplines, 21*, 91–95.

MTI Film & Video (1989). *Superpuppy.* Deerfield, IL: Coronet Film & Video.

Myers, J. E. B., Bays, J., Becker, J., Berliner, L., Corwin, D. L., & Sayurtz, K. J. (1989). Expert testimony in child sexual abuse litigation. *Nebraska Law Review, 68* (1 & 2).

Nagera, H. (1980). Child psychoanalysis. In G. P. Sholevar, R. M. Benon, & B. J. Blinder (Eds.), *Emotional disorder in children and adolescents* (pp. 17–23). New York: Spectrum.

Nasjleti, M. (1980). Suffering in silence: The male incest victim. *Child Welfare, 59*, 5. New York: Child Welfare League.

Nickerson, E. T. (1973). Psychology of play and play therapy in classroom activities. *Educating Children, Spring*, 1–6.

Peterson, G. (1990). Diagnosis of childhood multiple personality disorder. *Dissociation, 3* (1), 3–9.

Piaget, J. (1969). *The mechanisms of perception.* New York: Basic Books.

Polansky, N. A., Chalmers, M. A., Williams, D. P., & Buttenwieser, E. W. (1981). *Damaged parents: An anatomy of child neglect.* Chicago: University of Chicago Press.

Polansky, N., Chalmers, M., Buttenweiser, R., & Williams, D. (1979). The isolation of the neglectful family. *American Journal of Orthopsychiatry, 49*, 149–152.

Porter, E. (1986). *Treating the young male victims of sexual assault: Issues and intervention strategies.* Syracuse, NY: Safer Society Press.

Porter, F. S., Blick, L. C., & Sgroi, S. M. (1982). Treatment of the sexually abused child. In S. Sgroi (Ed.), *Handbook of clinical intervention.* Lexington MA: Lexington Books.

Putnam, F. W. (1989). *Diagnosis and treatment of multiple personality disorder.* New York: Guilford Press.

Pynoos, R. S., & Eth, S. (1985). Developmental perspective on psychic trauma in childhood. In C. Figley (Ed.), *Trauma and its wake* (pp. 36–52). New York: Brunner/Mazel.

Radbill, S. X. (1980). Children in a world of violence: A history of child abuse. In C. H. Kempe & R. Helfer (Eds.), *The battered child* (3rd ed., pp. 3–20). Chicago: University of Chicago Press.

Reidy, T. J. (1980). The aggressive characteristics of abused and neglected children. In G. J. Williams & J. Money (Eds.), *Traumatic abuse and neglect of children at home* (pp. 213–220). Baltimore, MD: Johns Hopkins University Press.

Risin, L. I., & Koss, M. P. (1987). The sexual abuse of boys: Prevalence and descriptive characteristics of childhood victimizations. *Journal of Interpersonal Violence, 2*(3),309–323.

Rogers, C. (1951). *Client-centered therapy.* Boston: Houghton-Mifflen.

Ross, C. A. (1989). *Multiple personality disorder: Diagnosis, clinical features and treatment.* New York: Wiley.

Rothenberg, L., & Schaffer, M. (1966). The therapeutic play group: A case study. *Exceptional Children, 32,* 483–486.

Ruch, L. O., & Chandler, S. M. (1982). The crisis impact of sexual assault on three victim groups: Adult rape victims, child rape victims and incest victims. *Journal of Social Service Research, 5,* 83–100.

Rutter, B. (1978). *Only one Oliver.* Honolulu, HI: Salvation Army.

Sandler, J., Kennedy, H., & Tyson, R., (1980). *The technique of child psychoanalysis.* Cambridge, MA: Harvard University Press.

Schaefer, C. E. (1980). Play therapy. In G. P. Sholevar, R. M. Benson, & B. J. Blinder (Eds.), *Emotional disorders in children and adolescents.* New York: Spectrum.

Schaefer, C. E. (1983). Play therapy. In C. Schaefer & K. O'Connor (Eds.), *Handbook of play therapy* (pp. 95–106). New York: Wiley.

Schaefer, C. E., & O'Connor, K. J. (1983). *Handbook of play therapy.* New York: Wiley.

Scharff, D. E., & Scharff, J. S. (1987). *Object relations family therapy,* Northvale, NJ: Aronson.

Scurfield, R. M. (1985). Post-trauma stress assessment and treatment: Overview and formulations. In C. R. Figley (Ed.), *Trauma and its wake* (pp. 219–256). New York: Brunner/Mazel.

Sgroi, S. (1982). *Handbook of clinical intervention in child sexual abuse.* Lexington, MA: Lexington Books.

Sgroi, S. M., Bunk, B. S., & Wabrek, C. J. (1988). A clinical approach to adult survivors of child sexual abuse. In S. M. Sgroi (Ed.), *Vulnerable populations* (pp. 137–186). Lexington, MA: Lexington Books.

Sholevar, G. P., Benon, R. M., & Blinder, B. J. (Eds.). (1980). *Emotional disorders in children and adolescents.* New York: Spectrum.

Simari, C. G., & Baskin, D. (1982). Incestuous experiences within homosexual populations: A preliminary study. *Archives of Sexual Behavior, 11,* 329–344.

Slavson, S. R. (Ed.). (1947). *The practice of group therapy.* New York: International Universities Press.

Solomon, J. (1938). Active play therapy. *American Journal of Orthopsychiatry, 8,* 479–498.

Sours, J. A. (1980). Preschool-age children. In G. P. Sholevar, R. M. Benson, & B. J. Blinder (Eds.), *Emotional disorders in children and adolescents* (271–282). New York: Spectrum.

Summit, R. C. (1988). Hidden victims, hidden pain: Societal avoidance of child sexual abuse. In G. E. Wyatt & G. J. Powell (Eds.), *Lasting effects of child sexual abuse* (pp. 39–60). Newbury Park, CA: Sage.

Summit, R., & Kryso, J. (1978). Sexual abuse of children: A clinical spectrum. *American Journal of Orthopsychiatry, 48,* 237–251.

Terr, L. (1983). Play therapy and psychic trauma: A preliminary report. In C. E. Schaeffer & K. J. O'Connor (Eds.), *Handbook of play therapy* (pp. 308–319). New York: Wiley.

Terr, L. (1990). *Too scared to cry.* New York: Harper & Row.

Tufts New England Medical Center, Division of Child Psychiatry. (1984). *Sexually exploited children: Service and research project* (Final report for the office of Juvenile Justice and Delinquency Prevention). Washington, DC: U.S. Department of Justice.

van der Kolk, B. A. (1987). *Psychological trauma.* Washington, DC: American Psychiatric Press.

Vander Mey, B. J., & Neff, R. L. (1982). Adult-child incest: A review of research and treatment. *Adolescence, 17,* 717–735.

Wallerstein, J. S., & Kelly, J. B. (1975). The effects of parental divorce: Experiences of the preschool child. *Journal of the American Academy of Child Psychiatry, 14,* 600–616.

Waterman, J. (1986). Overview of treatment issues. In K. MacFarlane, J. Waterman, S. Conerly, L. Damon, M. Durfee, & S. Long (Eds.), *Sexual abuse of young children* (pp. 197–203). New York: Guilford Press.

White, R. W. (1966). *Lives in progress* (2nd ed.). New York: Holt, Rinehart & Winston.

Wolfe, D. A. (1987). *Child abuse implications for child development and psychopathology*. Newbury Park, CA: Sage.

Wolfenstein, M. (1965). Introduction. In M. Wolfenstein & G. Kliman (Eds.), *Children and the death of a president*. Garden City, New York: Doubleday.

Wyatt, G. E., & Powell, G. J. (Eds.). (1988). *Lasting effects of child sexual abuse*. Newbury Park, CA: Sage.

Yalom, I. D. (1975). *The theory and practice of group psychotherapy* (2nd ed.), New York: Basic Books.

Wolfe, D. W. (1991). *Child maltreatment.* [2nd ed.] New York: Guilford Publications.

Wolfe, D.A. (1991). *Children: An introduction for child developmental psychopathology.* Newbury Park, CA: Sage.

Wolchansky, M. (1980). Introduction. In M. Wolchansky & C. Kluss (Eds.), *Group counseling and psychotherapy.* Columbus, OH: Merrill Publishing.

Walder, L. & Balcklin, J (Ed.). (1986). *Play therapy.* New York: Jason Aronson, Inc., Inc. book.

Yalom, I. (1980). *The theories and characteristics.* New York: Basic Books.

索引

※條目後的頁碼係原文書頁碼，檢索時請查正文側邊的數碼。

R

國家圖書館出版品預行編目資料

遊戲的治癒力量：受虐兒童的治療工作／莉安娜・吉兒
（Eliana Gil）作；林巧翊譯. --初版.--
臺北市：心理, 2005（民 94）
面； 公分.--（心理治療；63）
參考書目：面
含索引
譯自：The healing power of play: working with
　　　abused children
ISBN 978-957-702-787-0（平裝）

1.遊戲治療　　　2.受虐兒童

178.8　　　　　　　　　　　　　　　94006723

心理治療 63　遊戲的治癒力量：受虐兒童的治療工作
∿∿

作　　　者：Eliana Gil
校 閱 者：馬宗潔
譯　　　者：林巧翊
執行編輯：謝玫芳
總 編 輯：林敬堯
發 行 人：洪有義
出 版 者：心理出版社股份有限公司
社　　　址：台北市和平東路一段 180 號 7 樓
總　　　機：(02) 23671490　　傳　　　真：(02) 23671457
郵　　　撥：19293172　心理出版社股份有限公司
電子信箱：psychoco@ms15.hinet.net
網　　　址：www.psy.com.tw
駐美代表：Lisa Wu　　tel: 973 546-5845　　fax: 973 546-7651
登 記 證：局版北市業字第 1372 號
電腦排版：辰皓國際出版製作有限公司
印 刷 者：翔盛印刷有限公司
初版一刷：2005 年 5 月
初版二刷：2009 年 7 月
∿∿

讀者意見回函卡

No. _____   填寫日期： 年 月 日

感謝您購買本公司出版品。為提升我們的服務品質，請惠填以下資料寄回本社【或傳真(02)2367-1457】提供我們出書、修訂及辦活動之參考。您將不定期收到本公司最新出版及活動訊息。謝謝您！

姓名：_____ 性別：1□男 2□女

職業：1□教師 2□學生 3□上班族 4□家庭主婦 5□自由業 6□其他____

學歷：1□博士 2□碩士 3□大學 4□專科 5□高中 6□國中 7□國中以下

服務單位：_____ 部門：_____ 職稱：_____

服務地址：_____ 電話：_____ 傳真：_____

住家地址：_____ 電話：_____ 傳真：_____

電子郵件地址：_____

書名：_____

一、您認為本書的優點：（可複選）

　　❶□內容 ❷□文筆 ❸□校對 ❹□編排 ❺□封面 ❻□其他____

二、您認為本書需再加強的地方：（可複選）

　　❶□內容 ❷□文筆 ❸□校對 ❹□編排 ❺□封面 ❻□其他____

三、您購買本書的消息來源：（請單選）

　　❶□本公司 ❷□逛書局⇨_____書局 ❸□老師或親友介紹

　　❹□書展⇨____書展 ❺□心理心雜誌 ❻□書評 ❼其他_____

四、您希望我們舉辦何種活動：（可複選）

　　❶□作者演講 ❷□研習會 ❸□研討會 ❹□書展 ❺□其他____

五、您購買本書的原因：（可複選）

　　❶□對主題感興趣 ❷□上課教材⇨課程名稱_____

　　❸□舉辦活動 ❹□其他_____   （請翻頁繼續）

心理出版社 股份有限公司

台北市 106 和平東路一段 180 號 7 樓

TEL: (02) 2367-1490
FAX: (02) 2367-1457
EMAIL:psychoco@ms15.hinet.net

沿線對折訂好後寄回

六、您希望我們多出版何種類型的書籍

❶□心理 ❷□輔導 ❸□教育 ❹□社工 ❺□測驗 ❻□其他

七、如果您是老師，是否有撰寫教科書的計劃：□有□無

書名／課程：＿＿＿＿＿＿＿＿＿＿＿＿＿＿＿＿

八、您教授／修習的課程：

上學期：＿＿＿＿＿＿＿＿＿＿＿＿＿＿＿＿＿

下學期：＿＿＿＿＿＿＿＿＿＿＿＿＿＿＿＿＿

進修班：＿＿＿＿＿＿＿＿＿＿＿＿＿＿＿＿＿

暑　假：＿＿＿＿＿＿＿＿＿＿＿＿＿＿＿＿＿

寒　假：＿＿＿＿＿＿＿＿＿＿＿＿＿＿＿＿＿

學分班：＿＿＿＿＿＿＿＿＿＿＿＿＿＿＿＿＿

九、您的其他意見

謝謝您的指教！　　　　　　　　　　　　　22063